質的研究法 M-GTA 叢書　1

精神・発達・視覚障害者の就労スキルをどう開発するか

就労移行支援施設（精神・発達）
および職場（視覚）での支援を探...

竹下　浩　著

遠見書房

質的研究法 M-GTA 叢書　刊行の辞

　質的研究が既存の専門領域を横断する研究アプローチとして独自に領域形成したのは 1990 年代始め頃とされているが，以後ヒューマンサービス領域を中心に注目すべき関心の拡がりを見せ現在では定着したものとなっている。質的研究にはさまざまな個別の研究方法があり，それらは総称して質的研究法と呼ばれているが，その共通特性は，人間の複雑で多様な経験がより自然な形で表現されたものとしての質的データを用いる点と，社会的存在としての人間をより深く，共感的に理解しようとする点にあるといえよう。

　M-GTA（修正版グラウンデッド・セオリー・アプローチ）はそのひとつであるが，1960 年代に社会学者バーニー・グレーザーとアンセルム・ストラウスによって提唱されたオリジナル版 GTA を抜本的に再編成し，深い解釈とシステマティックな分析による理論（説明モデル）の生成とその実践的活用を重視する質的研究法である。M-GTA は分析方法の明確化と分析プロセスの明示化という質的研究法の長年の課題に対して，研究者を主題化（【研究する人間】の視点）することで開発された研究方法である。

　M-GTA 研究会がわずか数名の勉強会としてスタートしたのは 2000 年 2 月であったが，20 年間の活動を経て現在では会員約 600 名の規模に成長している。専門領域も看護・保健，社会福祉・ソーシャルワーク，介護，リハビリテーション，臨床心理・カウンセリング，学校教育・日本語教育，経営・キャリア，そして社会学など多岐にわたる。定例研究会を中心に，修士論文報告会，会員外の人たちを対象とする公開研究会，東京を含め地方の M-GTA 研究会による合宿的な合同研究会など多様なプログラムを展開している。M-GTA の学習が共通目的であるが，自分とは異なる専門領域の人たちの研究に接することで自分の発想や思考を刺激するダイナミズムがあり，新しい学びの場に成長してきた。

M-GTA は，研究会会員はもとよりそれ以外の多くの研究者にも活用され多数の研究成果が発表されている。会員による著作の刊行も続いている。その一方で M-GTA の理解が徹底されていない場合もみられ，また，最も重要である研究結果の実践への応用も未だ十分には拓かれていないという課題を抱えている。こうした状況に鑑み，M-GTA の分析例であると同時にその成果の実践的活用までを視野に入れたまとまった研究例の提示が必要になっている。本叢書は M-GTA 研究会の会員による研究成果を，M-GTA に関心のある人，そして，具体的な研究成果の現場での活用に関心をもつ人の両方を読者として想定し，コンパクトなモノグラフとして刊行するものである。どちらの関心から入っても両方の理解が深まることを意図した編集としている[i]。

　研究会創立 20 周年の年に

木下康仁

M-GTA 研究会を代表して

（http://m-gta.jp/）

---

i 　本叢書は 2015 年から刊行された M-GTA モノグラフシリーズ（ハーベスト社）を引き継ぐものである。

　本書は，障害者の就労支援に少しでも役立ちたいと思いつつ取り組んできた研究をまとめたものである。書き終えた今，「障害者の就労スキル獲得支援にM-GTA（修正版グラウンデッド・セオリー・アプローチ）が有効な手法となり得る」「研究の社会的アウトカムの一方法を示し得る」と考えている。

　筆者は省庁系大学校で職業訓練の「受講者支援」（障害者や特別配慮者を含む）ユニットに所属した後，現在は障害者のための大学でさまざまな研究プロジェクトに関わっているが，プロジェクトに共通するテーマは「社会的に困難な立場にある人々の就労スキル獲得を支援すること」である。本書の内容の一部でも，障害者の就労を支援する方々，職場で頑張っている当事者と上司・同僚の皆さん，M-GTA を使いたいと思っている対人援助専門職と研究者の，お役に立つことができれば幸いである。

就労移行支援

　就労移行支援事業は，一般就労を希望する障害のある人々を支援する事業である。従来の授産施設等では福祉から就労への移行に限界があったため，自立支援法により創設された。他者との間の緊張感や求められる仕事水準の厳しさなどの面で，中間的な環境を提供するのが特徴である。他にも，職業適性のアセスメント，自己理解の支援，職場のマッチング，フォローアップ等を提供する。

　障害者の就労ニーズが急増している結果，就労移行支援事業者数も拡大しており，現場では「支援者の養成」が急務となっている。支援員は，介護・福祉等経験者とビジネス経験者がそれぞれ半数を占め，新領域なので就労移行支援の経験者はまだ少ない。一方，事業所には支援員を養成するためのノウハウが十分に蓄積されておらず，M-GTA が役に立てると考えた。

　フィールドは，精神（含む発達）障害と視覚障害である。選択の理由は，各研究プロジェクトの目的及びご協力を頂いた企業の利用者の実態によっている

が，結果的に，近年就労ニーズが急増している領域と，職域（就労できる職種）
拡大が急務となっている領域となった。そして，後述するように，他障害や，
就労に際して困難を抱える人々の就労支援にも応用できる知見を提示すること
を目指している。

M-GTA の目的

M-GTA の目的は，「対人援助専門職が状況を改善できる理論を生成できるよ
うにすること」である。そのために，GTA の目的が「実践での応用」であるこ
とを再確認しつつ，難解な分析手順を可視化して平易にした。分析結果は，生
活や職場で何らかの「困難を抱えている人」と「その人を支援する人」が，直
面する状況の意味を理解し，上手くコントロールできるための見取り図（結果
図）として提示される。提示して終わりではなく，訓練プログラム開発等によ
り「現場で応用」してもらい，フィードバックにより「修正」していくという
継続的なプロセスの中に置かれているのである。これは，研究活動の社会的ア
ウトカム（結果によりもたらされる行動や状態の変化）追求の在り方を示して
いる。

就労スキル

職場における「タスク」（担当業務や職責）の遂行には，3つの「スキル」（技
術的・対人的・概念的）を組み合わせて発揮することが必要である。例えば，
社員研修の企画と実施には，企画書と連絡文書作成や経費管理のためにオフィ
ス系ソフトを使いこなす技術的スキル，チームのメンバーや関係部署の担当者
との関係や講演者や参加希望者とのメールによる意思疎通を円滑にする対人的
スキル，いつまでに何の会議や依頼状を出すなどの段取りをする概念的スキル
が必要となる。そして文系・理系を問わず，企業は学生に，対人的スキル（チ
ームワーク・協調性，社会性）と概念的スキル（課題設定・解決，論理的思考）
を求めている。

企業の存続と発展を可能にするタスクを設計するためには経営学の，タスク
に必要なスキルの発達メカニズム解明には心理学の知見が必要となる。心理学
の思考・感情・行為の観点からは，例えば「支援者は，どんな悩み（感情）に

直面し，どう工夫（思考）しているのか？」「当事者は，スキルをどうやって獲得（行為）していくのか？」という問いが生まれる。そして，これらの解明に適した研究法が，M-GTA なのである。

本書の構成

本書における各章の関係を，図 0-1 に示す。これは，M-GTA の目的である「社会科学の研究成果を社会的アウトカムにする」ための具体的方法の例を示している。

第1章では，本書の読者が M-GTA の初心者を含むことを想定し，M-GTA の考え方・やり方について説明する。そこで，これから職場で働こうとする障害者が「どんな困難に直面するのか」「どんな工夫で対処できるのか」，周囲が「どんなことに注意すべきか」「どうすれば支援できるか」説明・予測できる見取り図を提供するという目的が示される。フィールドは，近年就労ニーズが急増している精神（含む発達）障害と視覚障害である。

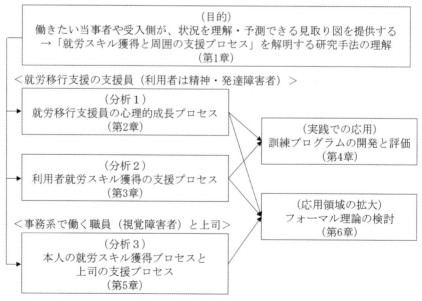

図 0-1　本書における各章の関係

　第2章から第4章までは，利用者の7割が精神障害（うち3割が発達障害）である就労移行支援事業所をフィールドに，支援員養成や企業のラインケアにおける支援未経験者の参加の敷居を低くし，支援の裾野を広げることを目指した。

　第2章では，就労移行支援未経験者である支援員は，仕事や自分についてどう考えているのか・考え方はどう変容したか，ストレスを感じないのか・感じてはいけないのか・どう対処できるのか等，支援行為に影響する思考や感情の成長プロセスを解明し，未経験者にとっての支援の敷居を下げることを目指した。

　第3章では，支援員から見て当事者はどのような就労スキルで躓いているのか・どうすれば支援できるかというプロセスを解明することで，従来型の時期・作業内容別ではない，利用者の行動特性に応じて使えるガイドラインを提示しようとした。

　第4章では，M-GTAに不可欠な実践での応用であり，前2章の分析結果を基に開発した研修プログラムを，参加者から得たフィードバックとともに提示した。

　第5章は，就労移行支援とは異なる実際の職場における上司・部下関係の枠組みで，就労スキルの獲得と支援プロセスを分析した。第2,3章でできなかった，当事者側からのデータ収集も行っている。

　第2章と第3章は論文を基に加除修正している一方，第5章は査読付予稿を基に書き下ろしている。生の語りの紹介の仕方が異なるので，読者が単調になることなく読み進められれば幸いである。

　第6章では，全体のまとめに加え，理論を応用できる領域を広げるためのフォーマル理論について検討した。GTAで生成される理論（領域密着型理論）は，固有領域の対人的相互作用の規則性を良く説明できるが，そのままでは飛び飛びの孤島の集まりであり，複数の理論を比較分析してフォーマル理論を生成することで汎用性を高めることができる。本書で言えば，精神・発達障害者と視覚障害者の就労スキル獲得と支援プロセスに共通する理論的な「動きの特徴」を見つけることで，他の障害者や健常者のスキル獲得と支援においても有用な知見が得られることが期待される。

　第7章は，第1章でM-GTAについて論じた部分の補足である。当初は第1

章に置いたが，読者の読みやすさを考慮して巻末に移すことにした。

さらに，馴染みの無い読者のために「就労移行支援の実際」「視覚障害者の就労」「スキルの心理学」についてコラムを設けた。

M-GTAの観点からは，以下の3点が新たな試みとなる。第1に，同じデータベースを用いて異なる分析テーマで分析を行った（第2章と第3章）。第2に，「場」（上司と部下）を分析焦点者とした（第5章）。第3に，一つのGT（grounded theory）と文献レビューからではなく，複数のGTからフォーマル理論を形成した（第6章）。

最後に，ご多忙中にも関わらず快くご協力及びご指導を頂いた皆様に，改めて心からお礼を申し上げたい。

竹下　浩

■ 目　　次

精神・発達・視覚障害者の就労スキルをどう開発するか

就労移行支援施設（精神・発達）および職場（視覚）での支援を探る

第1章

M-GTA の考え方と使い方

　本書は,「障害者の就労支援」に関心のある人と,研究法としての「修正版グラウンデッド・セオリー・アプローチ」(以下「M-GTA」:木下,1999)に関心がある人が対象である。従って,まず「質的研究はよく知らない」という読者のために,M-GTA の基本用語と分析方法について説明する。

　実践面に関心がある読者は,第2章から読んで差し支えない。なお,M-GTA 研究者が参照できるように,本章では必要に応じて引用表記に頁数も含めている。

第1節　基本用語

　M-GTA とは,グラウンデッド・セオリー・アプローチ (Grounded Theory Approach, 以下「GTA」:Glaser & Strauss, 1967) を発展させた社会学の研究方法論[1]である。GTA は質的研究法の一つであり,社会的相互作用の解明を目的としている。

1.質的研究法とは

　質的研究法とは,文書や映像等の質的データを分析することで,対象となる現象の意味を明らかにすることである。分析結果は,「記述形式」(文章や図)で表現される(木下,2014, 40)。

1　研究方法論(methodology)とは,哲学的枠組みと研究に関する基本的な仮定。

2．社会的相互作用とは

「社会的相互作用」研究とは，人々が相互に「相手に対してどのように考え・感じ・行動するか」についての，（単なる記述を超えた）一般的な説明的法則性を見つけることである（Newcomb et al., 1965, 3）。

社会的相互作用研究は，社会学的アプローチと心理学的アプローチで構成される（同, vi）。従って，社会的相互作用の理論には，社会的要素（構造・文脈）と，心理学的要素（思考・感情・行為）が含まれることになる[2]。例えば，「終末期病棟」という構造・文脈下で，患者と医療スタッフが互いに考え・感じ・行動するパターンの段階性を説明する理論である。

3．GTA の考え方

GTA とは，データから意味づけと説明（やがて理論モデルに集約される）を行い，浮上した概念（またはカテゴリー）を新たなデータで検証する研究法である（Payne & Payne, 2004, 99）。データから仮説的な理論モデルを着想しながら，それを別のデータで検証する（場合により棄却する）という双方向の作業を行う。

この研究法は，シカゴ大学でフィールド調査を訓練したストラウスと，コロンビア大学で定量的研究法を訓練したグレイザーによって開発された（Glaser & Strauss, 1967, vii）。彼らは，社会学の理論はデータに基づいておらず現場の問題解決に全然役立たない「誇大（grand な）理論」である一方，実証研究も既存理論の検証だけで実践に有用な理論の生成ができないと批判した。これは，「理論はデータ（現実）に密着すべきもの，研究は社会に役立つもの」という基本的考え方に基づいている。そこで，質的データから「領域密着型（データの裏付けのある＝ grounded な）理論」（以下，「GT」）を生成しながら，浮上する理論をさらにデータで検証していくという独自の研究法を開発したのである。GT とは，社会的問題に関する，領域密着・実践的領域（ケア，職業訓練，非行等）のために開発された理論なのである（同, 32）。

2　GTA 創始者の 1 人も，解明すべき「基本的社会的プロセス（BSP）」（パターン化された社会的行為の理論的説明）の 2 つの要素として，社会構造的プロセスと社会心理的プロセスを挙げている（Glaser, 1978, 100; 102）。

彼らはサンフランシスコの6病院で「病院での死とその経過」に関する大規模なフィールドワークを実施し，分析結果は1965年に『死のアウェアネス理論と看護』（以下，『死のアウェアネス』）として出版された。その後多くの読者の要望により分析方法について解説したのが1967年の『データ対話型理論の発見』（以下，オリジナル版）である。ここで彼らは，量的分析の技法（サンプリングやコーディング等）を質的分析用に変換する一方，理論生成の技法（理論的サンプリング・理論的感受性・理論的メモ・理論的飽和化）を開発した（木下，2014, 23）。

オリジナル版では不足していた具体的分析技法と考え方に関する説明を補うため，グレイザー（1978年）とストラウスは（1987年）ほぼ10年おきに解説書を出版した。ストラウス版は「本書の1章第2部（分析手法）はグレイザー版に準拠している」と明記しており，ここまで彼らの間にGTAに関する対立は無い[3]（Strauss, 1987, xiv）。

4．GTAの使い方

コード化する　分析者は，データの中の出来事を「概念的カテゴリー」にコード化することから始める。対象領域で「何が起こっているのか」理論的に抽象化したものである（Glaser & Strauss, 1967, 23）。

「オープン・コーディング」は，経験則や学術的背景に影響されないコーディングである（Glaser, 1978, 56）。「一行ごとに分析」・「文章か段落ごとに分析」・「記録物全体に対して分析」の方法があるが（Strauss & Corbin, 1990, 72; Glaser, 1992, 48），データのタイプや分析者のスキルで決まる（Glaser, 1992, 48）。

比較する　コード化と並行して，中核的特性や特徴を共有する事例をグループ化する（Willig, 2001）。これは，複数のデータの底に潜んでいるパターンを概念的カテゴリーとして精緻化することでもある（Glaser, 1978, 55）。つまり「複数のデータで裏付けられている」ことが概念的カテゴリーの成立要件であり，分析手順に科学性が組み込まれている。

3　従って本書では，GTAについて述べる場合，オリジナル版かグレイザー版を参照している。

　「理論的サンプリング」とは，浮上し始めた理論に従って「どのデータを次に収集すべきか」・「それはどこで見つけて来るべきか」決めることである（Glaser & Strauss, 1967, 45）。分析をしないうちに全データを収集してしまうのはGTAではない（同, 47）。最初のGTである『死のアウェアネス』でも，さまざまな患者の死に関する意識（欠如・急激・緩慢）を持つ部門（未熟児科・集中治療室・がん病棟）が比較されている（同, 59）。

　関連付ける　こうして幾つか概念的カテゴリーが生成されると，それらの間の関係性に関する分析が主体になる。「絶え間ない比較分析」は，こうして生成した複数の概念的カテゴリーを絶えず比較し続けることである。理論的特性が着想され，カテゴリーが類型化され，これらのカテゴリーと特性を統合していく。

　メモする　「理論的メモ」は，突如として閃いた概念的カテゴリー間関係についてのアイディアを文章化したものである。これにより，「分析者の理論的思考の最前線」を捕捉できる。（同, 83）カテゴリー生成・カテゴリー間関係の着想から，カテゴリー統合と理論化，生成した理論と他の理論間の関係分析まで行うことができる（同, 84）。整理・切り取りしやすいよう，複写用紙やインデックスカードの使用法が紹介されている。フィールドノートの余白にメモするのは，切り取れないので分類に不便とされる（同, 87）。

　「理論的コーディング」とは，発見された諸カテゴリーを，体系的な理論に関連付ける（理論形式で表現する）ことである（Glaser, 1978, 1）。これを可能にするのが，「理論的感受性」である。多くの理論的コード（例：原因・文脈・偶発・結果・相関・条件）を知っておくことで高められる（同, 72; 74）。

　限定する　分析の後半では，理論の及ぶ範囲を限定する。「選択的コーディング」とは，簡明だが説明力を有する（理論に十分かつ不可欠な）コア・カテゴリーを特定して，関連するデータだけにコーディングすることである（Glaser, 1978, 61）。

　「理論的飽和」は，どのカテゴリーの特性も発展できるような追加的データが見つからない状態のことである（同, 61）。ここで，理論的サンプリングは停止する。例えば「社会的損失」というカテゴリーで，「年齢」という数字的な特性が生成されたとする。その後，理論的サンプリングによってデータを追加収

図 1-1 　『死のアウェアネス理論と介護』におけるスキーマ

集した結果，「傑出した個性」という特性が生成され，それ以上探しても新たな特性は見つからないという経験的確信が得られた場合である（同，111）。

　書く　最後に理論を学術論文の形で文章化する。生データを引用しながら理論的に論ずることで論文の信頼性を高めることが出来る。「スキーマ（説明的枠組み）」とは，読者に判りやすい形式で提示された分析結果である（Glaser & Strauss, 1965, ix）。図 1-1 は，『死のアウェアネス』では言葉で説明されていたスキーマを図にしたものである。認識の文脈がコア・カテゴリーで，下の 4 つはカテゴリーである。

　他の質的研究法との違い　エスノグラフィや事例分析では，豊富な詳細を直接活かした記述を行う。それらに対して GTA は，データを概念化していき，複数の概念を統合したものを GT として提示する（木下，2014, 42）。アクション・リサーチは，現実の困難な状況の解決と社会科学への貢献が目的で，研究者は調査協力者と同じ立場を維持する（Easterby-Smith et al., 2002, 10）など GTA と共通点がある[4]。

　普及と課題　GTA は看護・介護・福祉・臨床心理・教育など，対人援助専門職の実践を中心に普及した。グレイザー（1978, 158）によれば，10 年余りで政治学・社会福祉・教育・保健・教育社会学・公衆衛生・心理学・経営管理・看護・都市計画・人類学の博士論文を指導している。多くの研究者や専門家が，ケア・支援・学習といった複雑な現象は，既存理論だけでは説明できないことにもどかしさを感じていたのである。今では，経営等の幅広い領域で用いられ

ている。

　しかし，このことは，GTA が単なる分析手法として使われてしまう傾向も助長した。また，オリジナル版が具体的な分析手法を示さなかったため，後続版GTA の論点が分析手法の改善と説明に偏ったことも，GTA の思想が見過ごされる問題の原因となっている。

　分化　ストラウス・コービン版が発表されると，グレイザーはそれに反発して批判する書籍を出版した。ここから分化が始まり，現在 GTA は 6 つに大別できる（木下，2014, 14）。オリジナル版，グレイザー版（Glaser, 1978; 1992），ストラウス版（Strauss, 1987），ストラウス・コービン版（Strauss & Corbin, 1990），チャマーズ版（Charmaz, 2006），そして M-GTA（木下，1999）である。

第 2 節　M-GTA の考え方

1．GTA の継承と修正

　M-GTA は，オリジナル版から継承すべき特性と未解決の課題を検討し，本来の可能性を実現した（木下，2014, 14）。M-GTA を習得するためには，「考え方」と「使い方」をセットで理解する必要がある。「考え方」では，継承したGTA の本質とは何か，何を追加したのか。「使い方」では，どう手順を簡略化・可視化したのか。

　GTA の継承　M-GTA は，継承すべき GTA の特性を 3 つ（分析技法・理論要件・研究目的）に整理した（木下，2014, 47; 56; 128）。

　第 1 の特性は「データに密着した分析で理論を形成，分析の進展に応じてデータを追加的に収集する」である。分析技法に，データを深く解釈して概念を生成する（解釈主義）ことと，生成した概念を他者のデータで裏付ける（実証主義）ことの 2 つの志向性が含まれていることになる。

　第 2 の特性は，「対人的相互作用の説明・予測が，理論の要件である」ことである。分析結果である GT は，現実の特定領域における社会的相互作用プロセスの適切な予測・説明・解釈に有効でなくてはいけない（Glaser & Strauss, 1967, 1）。

　第3の特性は，「研究の目的は，理論を実践で応用すること」（理論の生成者と応用者が存在する）である。GTは日常の生活状況で応用されなければならず，発見後でも応用ごとに再定式化される絶えざるプロセス中にある（同，1;237;244）。

　『死のアウェアネス』の序文は，病院での死にゆくプロセスにおける相互作用は，予測可能な数種類のパターンに類型化でき，医療スタッフがこれらのパターンを正確に理解すれば，終末期ケアをもっと充実できると述べている（Glaser & Strauss, 1965）。GTは，理論を生成する研究者と，実践で応用する対人専門職がセットで存在していることが前提なのである。

　後続GTAが第1特性だけに集中した結果，分析者は生成した理論を委ねる相手像を見失い，分析している自分自身を点検的に振り返る（being reflective）必要性にも気づくことができなくなっている。むしろ，いきなり第1特性（分析技法）を「使う」前に，第3特性（研究目的）を十分「考える」（応用する領域・目的・応用者を意識し続ける）必要があるのである。この両者が同時に成立した結果，第2特性が実現されることになる[5]。

　第4特性の追加　M-GTAは，オリジナル版は3つの特性の相互作用であると理解することで，重要な要素の欠落に気付いた（木下，2014, 130）。それが「研究目的の反復的確認」（第4特性）である（図1-2）。

　「誰が・何のために・何を研究しているのか」という問いの明確化と調整を，絶えず研究者に要請するのである。これは，コンテンツ的な「リサーチ・クエスチョン」とは異なり，「絶えず自分に問いかける」「調整する」という点でコンピテンシー的である。研究者がデータと往復しながら無数の選択や判断をこなしていくためには，研究目的の反復的確認が不可欠である。これにより，自己点検的視線を分析手順に組み込むことができる。

　GTAの課題　オリジナル版の課題の第1は，「対立する認識論的基盤の決着」である。GTAは実証主義なのか社会構成主義なのか。第2は「コーディング方法の明確化」である。オリジナル版は実際の分析方法を明確には示さなかった。

5　ここまでの論を踏まえると，GTAは「データに密着した分析で理論を形成しながら分析の進展に応じてデータを追加的に収集することで対人的相互作用を説明・予測する理論を構築，さらに実践で応用・修正する研究法」となる。

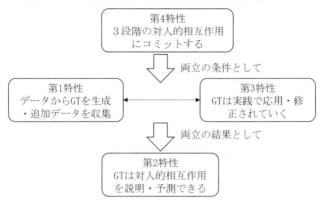

<分析前・分析中>
分析テーマ・分析焦点者・実践応用者を常に確認・修正する

図1-2　第4特性

第3が，実践に有効な「深い解釈の担保」である。どうすれば，分析者の研究スキルを問わず（例えば質的分析経験の無い大学院で学ぶ対人援助専門職でも）深い解釈ができるだろうか。

　M-GTAは，課題1は独自の研究方法論を提示する（以下に述べる）ことで，課題2と3は手順の「見える化」（次節で述べる）で，解決した。

　M-GTAの研究方法論　M-GTAは，研究方法論（実践的社会学論）が認識論（実証主義か社会構成主義か）に優先されるべきであるとする。木下（1989）はかつて，社会科学者は研究成果を同業者の言語世界で発表する以外は社会的アウトカムを実現できておらず，調査対象の現実的問題へのフィードバックは守備範囲外と考えられていると批判した。そして，社会的に重要な問題と社会科学的に重要な問題は一致しなければならず，そのための臨床的社会科学を提唱している。オリジナル版も，単に研究手法を提案しただけでなく，「社会学研究はいかにあるべきか」「社会学者は何をすべきか」を示していた。これは，理論の生成で終わらずに活用までを目的とする，社会学と対人サービス実践との連携という「研究のあり方」を示している。

　GTAは，革新的な社会学の研究方法論である。それは単なる分析技法に止ま

らず，根本的な「研究とは」「理論とは」「研究者とは」という問題をセットで提起しているのだ。実証主義（概念をデータで裏付けること・データから概念の関係性を浮上させること）と解釈主義（データを深く・内省的に解釈していくこと）を両立して理論の姿に迫ることと，実践主義（完璧な分析結果は無いので実践で応用・修正していくこと）が，GTA の革新性の根源なのである。

研究とは，一つの社会的な活動である。研究者は独立・中立的な存在ではなく，分析プロセス全体にわたって「社会的関係性」に組み込まれている（木下，2014, 136）。データ収集段階では調査協力者との関係があり，研究者は問いを続けることで多様な語りを引き出す。分析段階では分析焦点者（後述）との関係で，分析焦点者にとっての意味を解釈，データで検証する作業を繰り返す。応用段階では応用者との関係がある。分析結果は関心を持つ応用者によって類似した社会的状況で試される。これを M-GTA の「３つの相互作用性」と呼ぶ（木下，2007a, 88）[6]。

第３節　M-GTA の使い方

以下，木下（2003; 2007a; 2007b; 2014）の文献に基づき，M-GTA の手法を説明する。

１．分析の基本

方法論的限定　M-GTA は，GTA では応用者とされた実務者を，研究者として位置付けた。それは，「実務者は，自らの分析に基づく概念を生成し，それらを活用することで日常的な状況を改善するという知的なイニシアチブが可能である。そのためには，GTA という研究手法が不可欠な戦略である」（木下，1999, 27-28）からだ。

この根底には，「社会科学者は，研究結果を社会的なアウトカムとして貢献できていない。原因は，『調査協力者へのフィードバックと現場での検証は，研究

6　ここまでの議論をまとめて再定義すると，M-GTA とは，「分析者が自覚・明示的に限定した範囲内で，解釈的そして実証的な分析手法で生成された対人的相互作用を説明・予測する理論を，実践で応用・修正する研究法」である。

という営みの範囲外である』と誤解されているためである。社会科学的に重要な問題は，社会的に重要な問題であるべきだ」（木下，1989, 50）という，GTA 創始者と通ずる問題提起がある。最近，文部科学省も「社会的アウトカム」の重要性を指摘している。社会的アウトカムすなわち「現場の問題解決の処方箋」のニーズは実務者にしか判断できないことは，社会人院生であれば実感・共感できる。こうして最初の M-GTA 紹介書[7]の読者層は，研究者だけでなく学生・院生・実務者も対象とされた（木下，1999, 24）。

　その一方で，実践者を分析者にするためには，GTA にないレベルの「判り易さ」「やり易さ」が求められる。そのため同書では，実務者による論文の作成と実践での活用を容易にするための「小規模化（老人ケア施設など領域の単一化：木下，1999, 128-129）」，「抽象度の緩和」（抽象度の高い理論であるコア・カテゴリーが無くても，複数のカテゴリー関係を示すだけで GT が成立するとみなす。同，1999, 130）を提案した。これが「方法論的限定」である。さらに，(オリジナル版が想定したフィールドワークではなく) 実務者にとって最も実現可能な「面接調査法」向けに分析ツール（逐語記録と分析ワークシート）を開発した（木下，2003, 116; 2007, 163）。これらを以て「修正版」としたわけである。そして次の解説書では，読者の要請に応えて分析技法（ツールとやり方）を解り易く明示した（木下，2003, 12）。さらに，M-GTA を用いたさまざまな領域における研究事例（木下，2005）を紹介，講義スタイルを用いた平易な入門書（木下，2007a）を出版した。英語圏の読者向け説明としては Takeshita（2019）がある。

　概念　データから得られた解釈の内容を「概念」と呼び，これが分析の最小単位である（木下 1999, 224）。分析テーマに照らして，意味があると思われた現象に名前を付けたものである。共通する特性を持つ複数の概念をグループ化したものを「カテゴリー」と呼ぶ。中心となるカテゴリーが「コア・カテゴリー」で，必要に応じて「サブ・カテゴリー」を用いる（木下 2014, 139）。

　コーディング　M-GTA は分析過程を通じて同時・多重的に比較分析を行うため，コーディングを（オープン／軸足／選択的のように）段階的に区別しな

7　同書では「ミニ版 GTA」と呼ばれた。

い。分析の最初から，データ全体に「理論的サンプリング」を行う（木下 2014,
139）。M-GTA ではインタビューで収集されたデータを用いるので，理論的サ
ンプリングとは，違う人の逐語記録から仮説的な概念を裏付け・精緻化・棄却
するデータを探すことになる。

2．分析開始時に確認すること

　研究テーマ　研究テーマとは，「その研究が解明しようとすることと意義・想
定される分析結果の新規性と実践への貢献」を明確にしたものである（木下,
2007b, 5）。これは対象範囲が大きい（抽象的すぎる）ため，上述の M-GTA の
分析テーマとは一致しない。そこで，分析を行うためには問題意識の具体度を
上げる必要がある。

　分析テーマ　M-GTA を用いて「自分は何を明らかにしようとするのか？」を
明確化することである。目的（対人的相互作用プロセスの解明）から乖離しない
ように，「○○の○○プロセスに関する研究」という表現にする（木下, 2014,
14）。この分析テーマを常に自覚することで，適切な概念やカテゴリーの解釈
と選択ができ，生成する理論の範囲を制御することもできる。

　分析焦点者　分析焦点者とは，上述の分析テーマとセットの方法的概念であ
る。これを設定することで，似たような関係性に置かれた人たちが分析結果を
応用することができる。例えば，高齢者夫婦世帯において妻を介護している夫
を対象に「妻を介護するプロセス」を分析テーマとした場合，調査に協力して
くれた実在の集団ではなく，「妻を介護している夫」という抽象的な集団を定
義する。分析者は，データを分析する際に「この特定の人にとって」ではなく
「こういう状況に置かれた人たちにとって，どういう意味を持つのか？」と自問
するのである。

　このような三人称の解釈を行うことで，実践者が分析する場合でも，データ
との分析的距離（客観性）を担保できる。さらに，「どんな人々か」を限定する
ことで，生成する概念が一定の幅に収まるので，緻密でコンパクトな分析が可
能になる。また，応用者のイメージを明示することで，近接領域の実践者に生
成された理論が理解・応用しやすくなる。分析焦点者は，一般化の可能範囲も
限定する。例えば上述の例では，生成した理論は，他の類似した状況（例えば

難病や終末期ケア）にいる夫たちによる介護プロセスに一般化できると考えるのである（木下，2014, 141）。

適した研究のチェック　前節で述べた M-GTA の研究法的特性から，適した実践領域と分析対象が導かれる。前者は，健康／生活問題を抱えた人々に専門的な援助を提供する「対人サービス領域」である（看護，介護・社会福祉・臨床心理・リハビリ・特殊教育・職業訓練など）。後者は，「サービスが行為として提供され，利用者も行為で反応する直接的なやり取り（社会的相互作用）」である。

GTA の第 4 特性と M-GTA の方法論的限定を思い出して欲しい。対人援助職でも分析しやすいように修正したのは，分析・応用者が対人援助職ゆえに実践での応用が担保されているからなのである。

データ収集方法　分析テーマに照らして重要なデータを収集し，効果的な理論的サンプリングを行うために，データ収集はインタビュー形式（半構造化面接法）が適している。半構造化面接法とは，分析テーマに即した質問項目（「インタビュー・ガイドライン」を作成）を用意しておくが，話の流れによって，例えば「なぜそう思ったか？」など，掘り下げていくやり方である。データは一定程度（数人分）収集しておき（ベースデータという），分析上必要が生じたら追加収集していく（木下，2003, 124）。インタビュー形式の場合，一人目のデータ分析による理論的サンプリングで確認したいことを聞くために二人目を探してアポイントを依頼するのは現実的ではない（木下，2014, 139）ので，GTA の「データの収集と分析を交互に行う」原則は緩和されている。

3．分析

逐語記録の作成　Microsoft-Word 等文書作成ソフトで作成する。なお筆者は，自分の工夫として作成時に思いついたアイディアを「校閲＞コメントの挿入」機能を用いて記録している。分析ワークシート作成前のレベルで手書きの理論的メモ・ノートに書くと埋没してしまい，後で参照しにくいからである。

分析ワークシートによる概念生成　分析ワークシート（図 1-3）は，データから概念を生成するために用いる（筆者は Microsoft-Word により作成している）。一つの概念に対して一枚のワークシートを作成する。分析ワークシートは

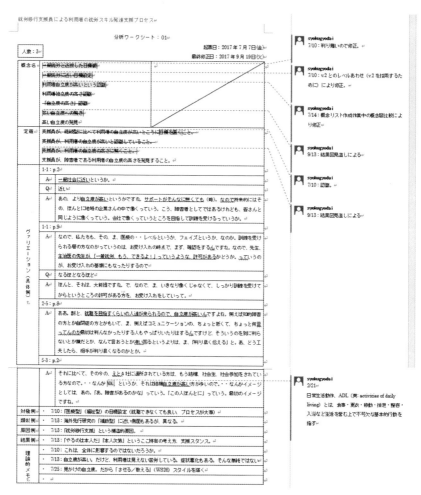

図1-3　筆者の分析ワークシート

6つの欄で構成される。図 1-3 の上から順に「概念名」「定義」「具体例（ヴァリエーション）」「類似例」「対極例」「理論的メモ」である（筆者独自の工夫として原因例と結果例が追加されている）。ワークシートをファイルすることで自分の解釈の流れを把握できるようになり，分析テーマと分析焦点者の視点を一貫して維持しやすくなる。

　「分析テーマ」と「分析焦点者」の視点でデータ（逐語記録）を見ていき，関連すると思われる箇所に着目する。これが最初の具体例（ヴァリエーション）になる。その具体例を，分析ワークシートのヴァリエーション欄にコピー＆ペーストする。その際，逐語記録の該当箇所に印をつけて，分析ワークシートの番号をメモしておく。

　次に，「なぜその箇所に着目したのか？」「分析焦点者にとっての意味は何か？」考える。解釈した内容を簡潔な文章で「定義」欄に記入する。定義をさらに凝縮した言葉を考え，「概念名」欄に記入する。他にも考えられる定義や，関連して浮上した疑問，解釈上のアイディアを理論的メモ欄に記入する。

　M-GTA では分析テーマと分析焦点者が明確化されているため，関連の無い行はコーディング対象とならない（1 行ずつラベリングし，分類してカテゴリー化するのは，分析上の関連性が無いものを量産するだけである）。ただ，後で別の概念を支持するヴァリエーションを探す際にこの行を見直したり，分析が深まる過程でこの行を別の概念候補としてコーディングしたりすることはある。

　データから，この概念の類似例と対極例を探す。類似例は同じカテゴリーを構成する概念，対極例は別の概念の候補となる。この作業が理論的サンプリングで，分析とデータ収集の並行的比較分析の始まりである（木下，2003, 27）。自分が考えた定義と概念名が，一定の具体性・多様性を説明できているか，具体例を比較しながら検討，修正していく。

　概念成立の条件は，少なくとも一人の違う調査協力者から具体例が得られることである。ある概念の具体例が同じ人の逐語記録からしか出て来ない場合は概念として不成立と判断する（木下，2007, 203）。やがて「小さな理論的飽和化」を行う。これは，生成した概念が十分なヴァリエーションに支持されているか，概念の完成度は十分かについて判断することである（木下，2007a, 224）。

　同様に，分析テーマと分析焦点者の視点から新たに別の個所に着目して，それを最初の具体例とする 2 枚目の分析ワークシートを作成する。以下，同様の作業を行っていく。新たな概念の生成と，仮説概念のデータでの裏付け探し，具体例追加による定義と概念名の再検討という複数の概念的作業が，同時並行的に進められる。

　一人目の逐語記録分析が終わると，作業中のワークシートを使って 2 人目の

逐語記録の分析をはじめ，準備した人数分まで続ける。

　理論的メモの作成　「理論的メモ」（木下，1999, 242）は，コーディング中や日常に突然浮かぶ概念や関係性等に関するアイディアや疑問を理論立てたメモである。この作業には,「データが示唆する現象の理論的側面は何か？」考える抽象化・概念化を伴う。これは最初のコーディングから始まり，論文作成まで続く恒常的なプロセスである。分析結果をまとめていくために重要で，最終的に GT を構築するための源泉である（木下，1999, 242）。

　解釈の際に検討した疑問・アイディア等を，分析ワークシートの「理論的メモ」欄に記入する。全ての分析ワークシートに共通すると思われる内容は，手書きの「理論的メモ・ノート」に記入する。

　概念間関係図と結果図　カテゴリーを検討するために，概念と概念の関係を図にしていくことである（木下，2003, 212）。初歩的な図は，理論的メモ・ノートに記入しても良いし，日付があれば手書きでも（作図ソフトでも）構わない。これが後にカテゴリー間の関係を示す図になり，分析の結果図へと発展して行く。

　前述した図 1-1 を見た時，読者はコア・カテゴリーやカテゴリーを「図で示す」ことが，「長い文章で説明する」ことに比べて効率・効果的だと体感できたのではないだろうか。M-GTA は，論文形式で発表するために，カテゴリー間関係を一目で判る図で示す（後述図 2-2, 3-2）。『死のアウェアネス』ではカテゴリーごとに一つの章を使って各カテゴリーの成立・終了要件や段階ごとの方略を説明していたが，それはモノグラフだから可能だったのである。

　継続的比較分析　こうして,調査協力者の文脈や意見は分析には反映されず，分析焦点者を媒介にデータが概念化されていく。並行して，概念と概念の間の関係についても,比較検討を行う。「この概念とこの概念はどう関係しているのか？」「それは最終的に明らかになるプロセスのどの部分か？」と考える。関係が見出されれば，カテゴリーとして集団化する。初歩的な概念間関係が示された図を見ながらカテゴリーレベルで相互比較を行い，分析テーマで設定したプロセスを構成するのにふさわしい関係を検討する。コア・カテゴリー　（例えば「社会的地位の移行」という説明枠組み）が浮上する場合もあるし，カテゴリー間関係を中心に置く（結果図でカテゴリー間の影響や移行の矢印で示され

る）場合もある。M-GTA では，コア・カテゴリーを見つけるより，分析結果が分析テーマに対する回答になっているかが重要だからである。

　木下（2014, 90-91）は，質的データ分析における分析者の型に囚われない工夫（分析ツールの修正）を奨励しており，筆者は分析ワークシートに原因例と結果例を設けている。これにより，結果図において影響や移行を示す矢印の妥当性を，分析ワークシートレベルですでに想定した関係（データ）の有無によって検証できるためである。

　分析のまとめ方（木下，2007a; 2009 を微修正）を図 1-4 で示す。分析のレベルは 4 つある。すなわち，データ・概念生成・カテゴリー生成・浮上中のプロセスである。比較の方向は 2 つある。一つは横方向の比較で，それぞれのレベルでの完成度を高めるのが目的である。もう一つは縦方向で，分析テーマへの回答である浮上中のプロセスに統合するのが目的である。

　図 1-4 のデータと概念生成間に描かれた矢印は，データから概念に向かう矢印だけでなく，生成中の概念からデータに向かう矢印もある。前者は，データ

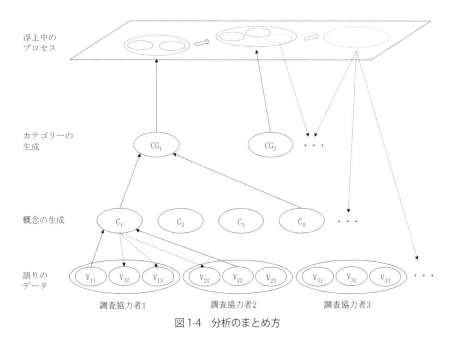

図1-4　分析のまとめ方

の解釈を示し，後者は，類似例と具体例を他のデータから探すことを意味している。

理論的飽和化の判断 分析結果全体に対する判断が「大きな理論的飽和化」である（木下，2007a, 225）。分析テーマに対して得られた結果の飽和度（説明力・実践的活用度・総合的完成度）を判断する（木下，2014, 148）方向と，分析テーマ自体を絞り込むことで飽和度を（物理的に）上げる方向がある（木下，1999, 267）。

現象特性 対象とする現象のプロセス的性格に特有な全体的な動き（木下，1999, 181）のことである。高齢者夫婦の夫による妻の介護であれば，「危険だから離れられない→しかし，一時離れなければならない→それだけではなく，間に合うように戻ってこなければならない」という動きである。実在する叙述を抜き取った後に見えてくる動きの特性なので，領域横断的である（木下，2007a, 217）。前述の対人的相互作用を説明・予測できる理論が持つ説明的規則性に相当する。

結果の表記 分析結果は前述「結果図」と「ストーリーライン」にまとめ，論文を執筆する。ストーリーラインとは，主要カテゴリーと概念で構成された，浮上したプロセスの現象特性の簡潔な記述である。これは結果図の理解を容易にする。

その後カテゴリーごとに説明していくが，読者が結果図を参照しやすいように，文中では，例えばコア・カテゴリーは【　】，カテゴリーは《　》，サブ・カテゴリーは〈　〉，概念は〔　〕，定義は（　）というように示す。調査協力者から得られたヴァリエーション（語り）は，段を下げて小文字で引用する。

引用文献

Charmaz, K. (2006). *Constructing Grounded Theory: A Practical Guide Through Qualitative Analysis*. Thousand Oaks, CA: Sage. （抱井尚子・末田清子〔監訳〕(2000) グラウンデッド・セオリーの構築─社会構成主義からの挑戦．ナカニシヤ出版．）

Easterby-Smith, M., Thorpe, R., & Lowe, A. (2002). *Management Research: An Introduction* (2nd ed.). Thousand Oaks, CA: Sage. （木村達也・宇田川元一・佐渡島紗織・松尾睦〔訳〕(2009) マネジメント・リサーチの方法．白桃書房．）

Glaser, B. G. (1978). *Theoretical Sensitivity*. Mill Valley, CA: The Sociology Press.

Glaser, B. G. (1992). *Basics of Grounded Theory Analysis: Emergence vs Forcing*. Mill Valley, CA:

The Sociology Press.

Glaser, B. G. & Strauss, A. L. (1965). *Awareness of Dying*. Hawthorne, NY: Aldine Publishing.（木下康仁〔訳〕(1988) 死のアウェアネス理論と介護―死の認識と終末期ケア．医学書院.）

Glaser, B. G. & Strauss, A. L. (1967). *The Discovery of Grounded Theory: Strategies for Qualitative Research*. New Brunswick, NJ: Aldine Transaction.（後藤隆・大出春江・水野節夫〔訳〕(1996) データ対話型理論の発見―調査からいかに理論をうみだすか．新曜社.）

木下康仁 (1989). イデオロギーとしての「科学」概念と共同体．老人福祉研究, 12, 40-50.

木下康仁 (1999). グラウンデッド・セオリー・アプローチ―質的実証研究の再生．弘文堂.

木下康仁 (2003). グラウンデッド・セオリー・アプローチの実践―質的研究への誘い．弘文堂.

木下康仁 (2005). 分野別実践編―グラウンデッド・セオリー・アプローチ．弘文堂.

木下康仁 (2007a). ライブ講義 M-GTA―実践的質的研究法　修正版グラウンデッド・セオリー・アプローチのすべて．弘文堂.

木下康仁 (2007b). 修正版グラウンデッド・セオリー・アプローチ (M-GTA) の分析技法．富山大学看護学会誌, 6(2), 1-10.

木下康仁 (2014). グラウンデッド・セオリー論．弘文堂.

Newcomb, T. N., Turner, R. H. & Converse, P. E. (1965). *Social Psychology: The Study of Human Interaction*. NY: Holt, Rinehart and Winston Inc.（古畑和孝〔訳〕(1973) 社会心理学―人間の相互作用の研究．岩波書店.）

Payne, G. & Payne, J. (2004). *Key Concepts in Social Research*. Thousand Oaks, CA: Sage.（高坂健次〔訳者代表〕(2008) キーコンセプト―ソーシャルリサーチ．新曜社.）

Strauss, A. L. (1987). *Qualitative Analysis for Social Scientists*. New York, NY: Cambridge University Press.

Strauss, A. L., & Corbin, J. (1990). *Basics of Qualitative Research: Grounded Theory Procedures and Techniques*. Thousand Oaks, CA: Sage.（南裕子〔監訳〕(1999) 質的研究の基礎―グラウンデッド・セオリーの技法と手順．医学書院．＊邦訳最新版は第 3 版）

Takeshita, H. (2019). Thoughts on and method used in M-GTA. In N. Ishiyama, Y. Nakanishi, K. Koyama, & H. Takeshita, *Mechanisms of Cross-Boundary Learning: Communities of Practice and Job Crafting* (pp.58-89). Newcastle upon Tyne, UK: Cambridge Scholars Publishing.

Willig, C. (2001). *Introducing Qualitative Research in Psychology: Adventures in Theory and Method*. Buckingham: Open University Press.（上淵寿・大家まゆみ・小松孝至〔訳〕(2003) 心理学ための質的研究法入門―創造的な探求に向けて．培風館.）

◼ コラム1

就労移行支援の実際

1．就労継続支援（A，B型）との違い

一般企業への就職を希望する人が対象で，そのために必要なスキルを身に付ける。利用期間は原則2年間以内となっている。

2．プログラムの例

就職準備（PCスキル，軽作業，ビジネスマナー，対人スキル，所内実践，自己管理）

就職活動（企業実習，自己取説，企業研究，履歴書添削，模擬面接，SPI，キャリア相談）

定着支援（企業との調整・サポート，定期面談，電話相談，家族支援，支援機関連携）

生活支援（障害理解，ダンス，農作業，元気回復，音楽療法，体調管理）

3．利用者

うつ病・統合失調症・双極性障害・アスペルガー症候群・知的障害・身体障害などさまざまな障害のある人。福祉サービス受給者証が必要。障害者手帳を持っていなくても，自治体の判断により利用可能な場合もある。

4．ニーズの例

障害者採用に積極的な企業を知りたい，長期間仕事を休んでおり体力や精神力に自信が無い，毎日通勤できるか不安，ストレス対処や職場コミュニケーションの訓練がしたい。

5．料金

事業者にもよるが，利用者の9割程度は自己負担無しで利用している。国の制度を利用するため，前年度収入等により費用が発生する場合がある。

6．交通費

自治体や事業者により助成がある。

7．日程

本人の都合に合わせて週数日から可能。通院しながらの通所も可能。

8．訓練環境

企業に就職した場合と同様の設備・レイアウト，ノートPCが貸与されることも多い。

（各社HPを参考に筆者が作成）

第2章

初心者は，どうやって支援員になっていくのか

第1節　問題の所在と研究目的

　近年，企業における適切なメンタルヘルス対応が課題となっている。民間の調査によると，上場企業 228 社のうち 66.8% の企業で「心の病」による「1カ月以上の休業者」が存在し，最も多い疾患は「うつ病」である。具体的な施策は「管理者向け教育」が 62.3% とトップで，4 つのケア（労働者健康福祉機構，2012）の優先度は「ラインによるケア」＞「セルフケア」＞「事業場内産業保健スタッフ等によるケア」＞「事業場外資源によるケア」と，管理監督者によるケアが最も重視されている。管理者に最も期待することが「相談しやすい雰囲気づくり」（28.0%）「部下の不調への対応」（21.6%）であり，対人援助専門職ではない管理者に，メンタルヘルス不調な部下の相談を受け適切に対応することが求められている（社会経済生産性本部，2004）。

　これと共通の問題が，障害者の就労移行支援事業において発生している。就労移行支援事業者数は 2010 年の 1,854 から 2014 年は 2,926 へと急増しており（厚生労働省社会・援護局，2016），社会的重要性が高まっている。利用者は精神障害者が全数の半数近く（47.3%）で 3 障害中最も大きく（2008 年以降 7 年で 5 倍超）伸びている（厚生労働省社会・援護局，2016）。

　就労移行支援利用者は医師と自治体によって「就労が見込める」と判断されており，利用目的は「治療」ではなく「就労」，企業が要求する働くスキルの習得である。このスキルを習得するためにはビジネス熟達者の支援が不可欠であることから，支援員の半数以上（52.2%）がビジネス経験者となっている（浜

問題：
1.　企業におけるメンタルヘルス対応の急増
　　　対人援助経験の無い上司が不調な部下を支援しなければならない
2.　障害者就労移行支援事業の急増
　　　就労移行支援経験の無い若手が急増しており，養成が課題
3.　過去の障害者職業訓練の経験
　　　利用者の緊張と指導員の知識不足により危機的状況も

先行研究：
1.　感情面（精神科病棟の看護師）
　　　バーンアウトが多い（特に新人）
2.　認知面（同上）
　　　患者尊重の欠如，ビジョンの無い看護
　　　　　（精神保健福祉士）
　　　無理に就労しないでよい，企業本位の考え（低生産性障害者は対象外）
3.　行為面（精神保健福祉士）
　　　就労支援スキル（交渉やプレゼン）は専門外で苦手

そこで本章では、障害者就労移行支援事業で支援員が実際にどのような心理的プロセスをたどって成長するか解明する。
支援の敷居を低め裾野を広げ、効果的な支援者養成を可能にするのが目的。

図 2-1　問題の所在と研究目的

銀総合研究所，2009）。

　この結果，支援員養成面の問題が浮上している。厚生労働省職業安定局（2009）によれば，就労移行支援事業所の就労支援員は若年層が多く，障害者支援経験が少ない（経験3年未満の者が約8割）。彼らは業務遂行に必要な知識やスキルが不足しているが，事業者側にもノウハウが蓄積されていないためOJTによる習得は難しい。しかし，就労移行支援者養成の仕組みが未整備であり（小池・小松，2009），新人教育以後の人材育成と研修システムが課題となっている（大川・本多，2015）。

　一般の職業訓練に障害者を参加させた事業（1980年代）では，利用者は緊張から不適切な言動を続出し，指導員は利用者の急な変化の理由が判らず不安と緊張を高め，相互の感情が共鳴した結果危機的緊張状態が発生しがちであった（新,2009）。就労移行支援事業法人の職業リハビリテーション従事者は「就労支援プロセスの理解不足」「スーパーヴァイザーの不在」にストレスを感じてい

る（石原・八重田，2011）。このような状況で支援員や上司が直面する状況に対応するためには，実際のプロセスを解明し，現象間の関係を把握，コントロールすることが必要である。

精神科対人援助職の心理面に関する先行研究

感情的傾向　精神科病棟では看護師のバーンアウトが多く，特に新人に起こりやすい（山口ら，2006）。福崎・谷原（2014）は，精神科病院2施設（N=125）と総合病院2施設内科病棟（N=107）の女性看護職・介護職者に職業性ストレス簡易調査票と日本版バーンアウト尺度を用いて比較している。共分散分析の結果，ストレス要因では「職場環境によるストレス」・「仕事のコントロール度」・「技能の活用度」・「仕事の適性度」・「働きがい」が，精神科病棟の方が有意に高かった。バーンアウトでは「脱人格化」と「個人的達成感の減退」で，精神科病棟が有意に高かった。

　質的研究では，岡野ら（2011）が，神経性食欲不振症患者との関わりについて精神科看護師10名へのインタビューから得られたデータを質的にコーディングし，「感情のゆらぎ」を示すカテゴリー3つを抽出した。看護師は患者に神経質で強迫的，問題行動が生命危機に繋がりやすいという印象を持ち，苦手意識を抱きやすい。一方で関わりの義務や援助という看護観も備えており，両者の間で揺れ動いている（看護師基盤のゆらぎ）。また，病理や背景からくる嘔吐等の予測不能な行動化や入退院の繰り返しに戸惑い傷つき，看護への無力感やむなしさを感じている（自己効力感のゆらぎ）。生命維持を優先するため患者の意思に反した治療を行うことで患者が治療に抵抗を示す様子を見て医療者主体の治療・看護ではないかと疑問を抱く（看護正当性のゆらぎ）。

　認知的傾向　木村・松村（2010）は，精神科看護師10名へのインタビューから得られたデータをKJ法で分析，精神科看護の問題点をカテゴリー化した結果，看護師集団の内部要因として「看護者間の相互理解の困難さ」「患者尊重の欠如」（患者の常軌を逸した行動について看護師が当惑し，対応に礼儀や尊重が欠けてしまうこと），中核要因として「ビジョンのない看護」（知識や技能に限界を感じ無力感に陥ることなど）を挙げている。

　橋本（2012）は，就労移行支援事業所に勤務する精神保健福祉士（PSW:

Psychiatric Social Worker）3名に対するインタビューで得られたデータを
M-GTA で分析し，「無理に就労しなくても良い」「就労よりも日々の回復を重視
する」「生産性の低い障害者は就労支援の対象外という企業優位の考え方の受け
入れ」等の認知的傾向を示した。

　行動的傾向　上述の橋本（2012）は，同じ分析で「就労支援は専門外」「交
渉・プレゼンテーションは苦手」等の PSW の知識・スキル不足を指摘，これ
らの変容により一般就労の促進が期待できるとしている。小池・小松（2009）
は，就労支援における支援ノウハウの形式知化と共有のために，3つの分析テー
マ（時系列的な支援業務，具体的な支援行動，意思決定の支援過程）に基づ
き，統合失調症者の就労支援者 17 名へのインタビューデータを M-GTA で分析
した。三木（2017）は，就労後も継続して支援できる障害者就業・生活支援セ
ンターと自治体の就労支援センターに勤務する支援員 15 名へのインタビュー
から得られたデータを M-GTA で分析，支援員の具体的な支援方略について説
明している。

　支援行動に影響する要因としては，中野（2015）が，8名の心理援助専門職
に対するインタビューで得られたデータを GTA で分析し，専門職の感情（「ら
ちがあかない」感じ）が個人的介入（現実問題対処と気づきの支援）に影響す
るという分析結果を得ている。

　対人的相互作用を説明する理論は，人々が相互に相手に対してどのように
考え・感じ・行動するかについて説明できなければならない（Newcomb et al.,
1965）。しかし，対人援助職研究においては感情・認知・行動ごとに焦点を当
てた研究は多いが，3つの心理的要素の総合的な分析は僅かである。さらに，
ビジネス経験者による障害者のスキル習得支援過程については未着手となって
いる。

　職場の同僚等による障害者のサポート研究においても，同僚等の心理的要因
研究は不十分である（若林，2011）。例えば，障害者特性，上司・同僚特性，
仕事性格が上司・同僚の心理的状態（ステレオタイピング，感情等）に影響し，
それが障害者への働きかけ（評価や仕事割り当て，相談・支援等）に影響する
というモデルが提示されている（Stone & Colella, 1996）が，日常の支援過程
における具体的な心理的要素の相互影響を分析するレベルには至っていない。

　そこで本章では，障害者の就労移行支援事業所で働く支援員（福祉・介護経験者とビジネス経験者が半数ずつ）の心理的要素がどのように互いに影響しあい，変化していくか，そのプロセスを明らかにする。本研究により，就労移行支援事業所における支援員養成及び企業でラインケアを行う管理者育成に有用な示唆が得られることが期待される。

第2節　方　　法

1．方法の選択
　本研究のデータは就労移行支援員の回顧的語りであるため，質的手法を採用した。既存理論が存在しない領域における社会的相互作用の分析であるため，データの裏付けのある領域密着型理論を生成する「GTA」を選んだ。状況の改善が目的である点はアクション・リサーチも同じであるが，科学的な手法の欠如について問題が指摘されており（例：Payne & Payne, 2004），データによる裏付けという科学的思想が手順に含まれる GTA がより適切と考えた。
　さらに，複数存在する GTA のバージョンから「M-GTA」を採用した。理由は，（1）教材や研修等により分析結果を対人援助職の現場で応用することが研究目的である，（2）特有の分析ツールによって継続的比較分析と理論的飽和化が視覚的に確認できる，（3）オープン・コーディングと選択的コーディングだけでなく理論的コーディングも行う（Strauss & Corbin 版と異なる。第1章参照），ためである。

2．対象とデータ収集方法
　調査協力者　都内に本社がある A 社に研究目的を説明した上で「熟達した就労移行支援員」紹介を依頼，A 社の熟達者基準及び職員評価等級をクリアしている支援員 18 名からデータを収集した（表2-1）。各センターには 7 名前後のスタッフと 20 名前後の利用者がおり，支援員は福祉経験者・ビジネス経験者・新卒者が混在している。
　利用者の概要　18 歳から 65 歳未満の精神・発達・身体・知的障害及び難病者である（A 社では利用者中 7-8 割が精神障害者，うち 1-3 割が発達障害者）。

表 2-1　協力者の属性

番号	性別	年代	支援経験	企業系	福祉系
1	女性	30 代前半	10 年 1 ヶ月		○
2	女性	30 代前半	6 年 1 ヶ月		○
3	男性	30 代前半	3 年 4 ヶ月	○	
4	女性	20 代後半	4 年		○
5	女性	30 代後半	4 年	○	
6	男性	40 代後半	5 年 6 ヶ月	○	
7	男性	30 代前半	1 年 2 ヶ月	○	
8	男性	30 代後半	10 年 8 ヶ月		○
9	女性	30 代前半	3 年	○	
10	女性	30 代後半	5 年	○	
11	女性	30 代前半	10 年		○
12	男性	30 代後半	18 年		○
13	男性	30 代前半	2 年 7 ヶ月	○	
14	男性	30 代後半	1 年		○
15	男性	20 代後半	4 年	○	
16	女性	30 代後半	10 年 3 ヶ月		○
17	女性	30 代後半	12 年 2 ヶ月		○
18	男性	30 代後半	7 年 2 ヶ月		○

注：「企業系」は経営系，「福祉系」は福祉系学部卒業者を含む

移行先業種は，医療・福祉，飲食サービス，IT・情報通信，小売，製造，旅行，不動産，教育，官公庁，人材サービス等である。職種は事務，サービス，専門，軽作業，運搬・清掃，保安・保守，農林漁業等である。

　調査の手続き　データ収集は，半構造化面接法を用いた。データの収集期間は 2016 年 5 月から 6 月である。インタビューは 2016 年 5 月 13 日に 3 名，17 日に 5 名，19 日に 2 名，26 日に 5 名，6 月 7 日に 3 名実施した。分析（18 人分）に使用した録音時間は，合計で 14 時間 49 分 48 秒，平均 49 分 26 秒（最短 33 分 40 秒，最長 58 分 51 秒）であった。筆者自身が逐語記録を作成し，

文字数は合計 384,696 字（A4 用紙 526 枚）であった。

　倫理的配慮として，インタビュー開始時に本研究の目的・個人情報保護・録音許可・面接中断の権利・研究発表の許可について資料を提示して説明，同意を得た。逐語記録化に際しても個人情報に留意し，個人名や施設名等はアルファベット 1 字の無作為表記とした。研究と関係の無い会話部分（質問者の仕事の説明等）は逐語記録の対象外とした。分析途中生じた疑問は調査協力者からA 社が指名した 3 名（表 2-1 の 5，8，11，人材開発部門所属）にメールで数回質問した。質問は，利用者家族について（支援員に対する協力以外の関係性），企業や行政について（例：先方対応次第で支援員の負担が増えることがあるか）等であった。筆者が所属する機関の研究倫理審査委員会の承認を得た。

　当初のインタビューガイドの主な項目は，「最初と今では利用者に対する見方・考え方は変わりましたか（きっかけの出来事）」，「利用者への接し方は何か変わりましたか（きっかけの出来事）」，「利用期間を通じて，利用者との関係は，どのように変わっていくものでしょうか」，「これまで，どのような悩みや困ったことがありましたか」，「どのような時，喜びや楽しさ，遣り甲斐を感じましたか」であった。

　この他，2016 年 5 月 19 日にセンターでの観察を実施した。

3．分析の手続き

　分析テーマの設定　インタビュー時点での分析テーマは「就労移行支援員の支援プロセス」であった。その後，理論的メモ・ノートでの考察に基づき，就労移行支援事業所における「就労移行支援員の心理的変容プロセス」とした。

　分析焦点者の設定　就労移行支援事業所の「就労移行支援員」とした。福祉経験者と企業経験者を区別して個別の分析焦点者として別々に分析するか検討したが，区別しない方が異種混成チームによる支援特有のダイナミズムが浮上すると考えた。

　逐語記録の作成　逐語記録は Microsoft Word により作成し，作成時に思いついたアイディアを「コメントの挿入」機能を用いて記録した。

　分析ワークシートの作成　完成した逐語記録に目を通し，15 人目の 23 頁で最初の概念（「オフサイトでの感情の相互吐露」。その後の継続的分析により概

念名は「定期的な愚痴の出し合い」に変更）が浮上したため，15人目のデータから分析を始めた。データを分析ワークシート（Wordで作成）のヴァリエーション欄に転記し，「なぜ着目したのか」「支援員にとってどのような意味を持っていたか」等について考えた。こうして抽出データの解釈が絞れたら，簡潔な文章で定義欄に記入した。定義を一言で表現できる言葉を考え，仮の概念名とした。次に類似例・対極例・原因例・結果例を検討，各欄に記入した（この段階では欄が全て埋まらなくても次に進んだ）。解釈の際に検討した疑問・アイディア等は「理論的メモ」欄に記入した。全てに共通する内容は，手書きの「理論的メモ・ノート」に記入した。

　重要と思われる概念でも，別の協力者から同じ概念を裏付けるデータが得られない場合は棄却した。2人目のデータを探す過程（一つの概念ごとに全員分を通読する）で，言及内容を比較することで，違う概念生成の可能性を検討した。

　継続的分析　並行して，これらの概念を初歩的な「結果図」（PowerPointで作成）に布置していった。このことで，共通する概念をカテゴリーでまとめたり，重複する概念を統合したり，穴埋め（結果図からあるべき概念の可能性に気付く）が可能になった。結果図は作成日ごとに保存した。

　概念数が10を超えた時点で，Excelで「概念リスト」を作成した。これにより，定義における主語抜けや描写度合の確認や，概念間比較（行動・認知・感情別など）等が可能になった。

　データ（逐語記録）・概念（分析ワークシート）・カテゴリー（概念リスト）・プロセス（結果図）の4レベルで，多重・同時並行的見直しと比較を行った。見直しによりどれかを変更すると全ての関連個所を変更した。概念相互の関係・各カテゴリーの関係・全体としての統合性を検討，各レベルで重要な点が欠落していないことを確認・修正していった。結果図中の影響や段階を示す矢印については，裏付ける分析ワークシートを確認，「矢印確認リスト」（Excelで作成）に記入していった。

　理論的飽和化の判断　継続的比較を繰り返し，カテゴリーや概念の修正・追加・廃止を行った。結果図は，当初の概念のみのもの（1枚作成）から3層型（5枚作成），4層型（1枚作成），5層型（14枚作成）へと変容した。5枚目

で感情バランス，9枚目でカテゴリー間影響という分析者自身も想定していなかったプロセスがデータから浮上した。

　分析ワークシートの4欄（対極・類似・原因・結果）を用い，結果図中に矢印で示した関係がデータで支持されているか検証した。全ての分析ワークシートの4欄が記入できた段階で，記入例のうち分析テーマ範囲外のものは概念候補にならないことが確認でき，理論的に飽和したと判断できた。

第3節　結　　果

　分析の結果，5つのカテゴリーと14のサブ・カテゴリー，48の概念が生成された（章末表2-5）。分析ワークシートにおける各協力者のヴァリエーション採用数は，24，13，5，2，8，8，6，5，6，15，2，1，7，3，3，5，0，0（分析ワークシート作成順）であった。

1．キャリア発達と脱落回避を可能にする「二元均衡モデル」

　以下，カテゴリーレベルの分析結果（図2-2）とストーリーラインを示す。

　分析の結果浮上したプロセス理論は，「均衡の取れた発達段階」と「感情的収支の均衡」という2つの均衡で構成されていた。前者を図2-2でA，後者をBで示す。均衡Aは，「2つのカテゴリーの段階発達の歩調（A0 → A1）を揃える」というキャリア発達の要件である。支援員の対利用者への相互作用（支援方略）が順調に発達していくためには，センター内に埋め込まれた同僚間の相互作用（ポジティブな感情誘因）が発達している必要がある。これは図2-2のA0からA1へと段階が進むことで示されている。

　均衡Bは，「支援員の感情的収支におけるポジティブ・ネガティブ要素（B－，B＋）を片方だけが突出して累積させない」という脱落回避の要件である。支援員がバーンアウトやドロップアウトしないためには，各段階における感情的収支をバランスさせておく必要がある。

　Aを均衡させることがBの均衡の前提条件であり，これら2つの均衡が支援員のキャリア発達とドロップアウト回避を可能にする。

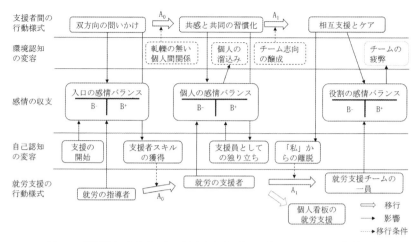

図 2-2　就労移行支援員の心理的変容過程（カテゴリーレベルの分析結果）

2．解釈を含む結果の記述

　研究者の視点で行為や現象の意味を問う質的分析では，分析結果に研究者の解釈が含まれるため，論文等において結果は解釈を含んだ形で示される（菅沼，2013）。以下，記述を判り易くするために図 2-3 で示す段階ごとに説明する。

　引用に際し個人が特定されないように，表 2-1 の番号とは別にアルファベットを無作為に振り当てる，「僕」等性別が特定される表現は「私」に変更する，施設名等のアルファベットを無作為に振り当てる等の配慮を行った。理解のためヴァリエーション（語り）例が必要と思われる概念については，〔概念名〕の後ろに番号（1, 2, …）を表示して表にまとめた（表 2-2, 2-3, 2-4）。

3．対利用者支援方略の発達段階

《就労の指導者》から《就労の支援者》へ　図 2-4 は，図 2-3 左下の「1」部分を示す。

　最初の《就労の指導者》段階では，行動面では利用者の行動特性に配慮できない支援員が指示的に指導する〔スキルの押し付け〕1 が見られる。障害特性の知識を持っている支援員でも，支援技法のみに頼る〔型に嵌めた支援〕に陥ることがある。認識面（《支援の開始》）では，支援に関する知識や経験不足を

支援者間の
行動様式　→　双方向の問いかけ ⇒ 共感と共同の習慣化 ⇒ 相互支援とケア

環境認知の変容

感情の収支

自己認知の変容

就労支援の
行動様式　→　就労の指導者 ⇒ 就労の支援者 ⇒ 就労支援チームの一員

図 2-3　「結果の記述」の順番

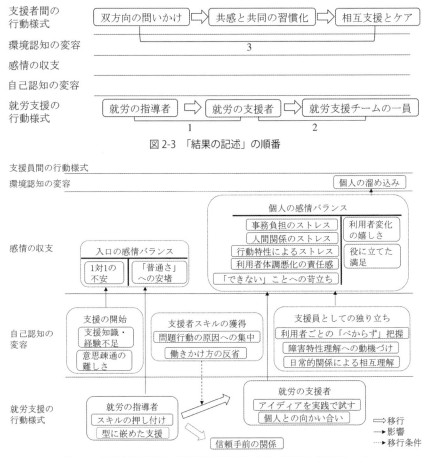

図 2-4　部分的結果図 1　《就労の指導者》から《就労の支援者》へ）

感じつつ（〔支援知識・経験不足〕），障害特性による意思疎通の難しさを感じて
いる（〔意思疎通の難しさ〕）。

　このような【就労支援の行動様式】と，【自己認知の変容】により，支援員
にポジティブ及びネガティブな【感情の収支】が生じていく（図 2-4 における
上向きの矢印）。例えば，初心者が 1 対 1 で利用者と対峙する事に不安を感じ
ること（〔1 対 1 の不安〕）と，健常者と同じ様子の利用者を見てほっとするこ
と（〔「普通さ」への安堵〕₂）である（《入口の感情バランス》）。これらの感情

は一つが長期的に支配するのではなく状況に応じて現れ，支援員自身がコントロールすることは難しい。

やがて支援員は，「利用者の問題行動でなく原因に意識を集中すること」（〔問題行動の原因への集中〕3）や「失敗理由を利用者でなく自分の関わり方と考え反省すること」（〔働きかけ方の反省〕）など，《支援者スキルを獲得》していく。この過程で，それまでの「1（自分）対多（障害者）」という心の構えが，「1（自分）対1（Aさん，Bさん…）」に変わる。これが《就労の支援者》への移行を促す（右向きの移行を示す矢印）。

《就労の支援者》では，支援員は経験で得られた個別支援の〔アイディアを実践で試し〕，利用者を「障害者」ではなく特定の個人として相対する（〔個人との向かい合い〕4）。ただし前述《支援者スキルの獲得》が不十分だと，支援員と利用者間に信頼関係が構築できていない〔信頼手前の関係〕に留まる。

利用者との相互理解が進むと（〔日常的関係による相互理解〕），利用者ごとに「してはいけないこと」を把握（〔利用者ごとの「べからず」把握〕5），障害者特性の理解に動機づけられていく（〔障害特性理解への動機づけ〕）。これが《支援者としての独り立ち》である。

《就労の支援者》としての行動と《支援者としての独り立ち》意識は，《個人の感情バランス》に影響を及ぼす（図中上向きの矢印）。ネガティブ要因としては〔事務負担のストレス〕（支援以外の事務の多さにストレスを感じること）〔人間関係のストレス〕（職場の人間関係でストレスを感じること）〔行動特性によるストレス〕（利用者の行動特性に接することでストレスを感じること）〔利用者体調悪化の責任感〕6（自分が利用者の体調を悪化させたと思い責任を感じること）〔「できない」ことへの苛立ち〕7（支援したにもかかわらず利用者が改善せず苛立つこと）がある。

ポジティブ要因は，〔利用者変化の嬉しさ〕（利用者の就労スキル習得を見て嬉しく感じること）〔役に立てた満足〕（利用者の役に立てた事で満足を覚えること）がある。バランスが好転しない場合，〔個人の溜め込み〕を導きやすい。なお，各感情が状況に応じて生起する頻度や重みは支援員により異なるため，カテゴリー内のポジティブ／ネガティブ概念の順序や数の違いに意味は無い（ネガティブが常に多いわけではない）。

表2-2　ヴァリエーション例1

No	概念名	ヴァリエーション例	協力者
1	スキルの押し付け	「自分はこうあるべきだ」みたいな枠組みがすごく強すぎて。相手の立場というか，状況に立って考えられない方だったんですね。いくら言っても「いやいや，そもそも就職ってこれが必要だし」。	k
2	「普通さ」への安堵	センターに行ってみると，思ったよりマイルドな方が多くって。学生時代に実習で行ったデイケアとかクリニックとか，就労を目指さない地域の活動支援センターさんとかは，例えばなんか，もう少し話が広がりやすい統合失調症の方とか，あとちょっと，お風呂にしばらく入っていないような臭いがする方とか。沢山いたんですけど。そういう感じが全然無かった。	j
3	問題行動の原因への集中	例えば，「あの人のこれが気になった」っていうのを挙げてもらって。「じゃ，それは，なぜなのか」っていうのを皆で一緒に考える。問題行動があったとしても，「あの人すぐそういうことするよね」ではなくって，「なぜその問題行動が発生したのか？」とか。	k
4	個人との向かい合い	支援知識なんか別にどうでもよくて。ちゃんと挨拶ができて，ちゃんと笑顔で会話ができて，ちゃんと人の話を聴く時に目を見て話せるかどうかだと思ってますので。それだけかなあっていう。要は一緒に生きていくだけなので。	g
5	利用者ごとの「べからず」把握	「ずっと長い事引きこもってたんで，人と接するのが怖いです」とか。「頑張りすぎちゃって，集中しすぎちゃって，オーバーヒートしちゃうんですよ」みたいな，言ってくる人がいたりとか。「自分がやりたい仕事が，どうしても判んなくて瞑想してるんです」とか。色んな人の，そういう話，ガンガン質問すればしただけ，なんかしら一つぐらい，「あっ，なるほどね，そりゃ就職するの怖いよね」っていう理由が聞けてきて。そうやって考えていくと，そっかそっか。ひとりなんか1こぐらい，健常者って言われてる人には無いぐらいの，就職するのに困っちゃう何かってあるんだって。	b
6	利用者体調悪化の責任感	すごく支援において難しいとこって，そういったところで。最初に入ってきた方（支援員）たちって，「あたしがああいう風に言っちゃったから，（利用者が）ちょっと体調壊しちゃったんじゃないかな」って。私もすごい，あったんですよ。	i
7	「できない」ことへの苛立ち	なんか例えば面談をして。やったけど全然改善が無いとか。そういう場合とかに，見返りを求めやすいスタッフだったら「せっかく面談したのに，なんで変わんないんだよ」とか，イラッとすることはあるかなと。	l

　ここで「問題行動」「障害特性」「行動特性」の違いを説明しておく。同じ障害を持つ利用者全体に共通な特性が障害特性であり，ある利用者特有の特性を行動特性と呼ぶ。行動特性の結果支援員から見て問題と思われる行動が発生した場合が問題行動である。

　《就労の支援者》から《就労支援チームの一員》へ　図2-5は，図2-3右下の「2」部分を示す。

　支援員は，「私」とは別の「支援者」人格で対応する（〔「支援者」人格の追加〕8）ことを覚え，利用者に比べて自分は私的な情報を開示しないことを自覚する（〔非対称的な私的情報開示〕9。こうして，良好な関係を志向しつつも依存を生じないようにできる（〔信頼あれど依存無し〕）。これが《「私」からの離脱》段階である。

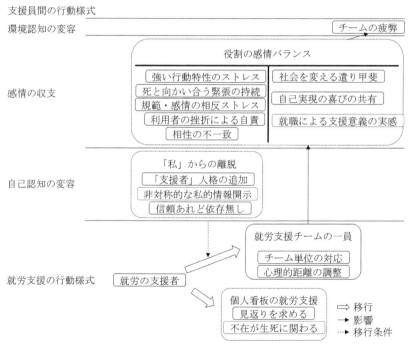

図2-5　部分的結果図2　《就労の支援者》から《就労支援チームの一員》へ

　《「私」からの離脱》により「1対1」から「多（支援員チーム）対1（各利用者）」が意識され，行動様式は《就労支援チームの一員》に移行する。ここでは〔チーム単位の対応〕（支援員が個人ではなくチーム単位で利用者に対応すること）及び〔心理的距離の調整〕10（支援員が利用者に対して適正な心理的距離を保ち過度な支援は行わないこと）が行われる。《「私」からの離脱》が無いと《就労の支援者》的な支援スタイルは《個人看板の就労支援》を導きやすい。

　《個人看板の就労支援》は，自己認知面の発達が十分でない場合に到達する支援スタイルである。ここでは〔見返りを求める〕（支援員が利用者に「してあげた」ことの見返りを期待すること）ことや〔不在が生死に関わる状況〕（自分がいないと利用者の生死に関わる状況だと思うこと）が見られる。

　チームは役割を生じるので，感情収支は《役割の感情バランス》に進化する。具体的には，〔強い行動特性のストレス〕（支援員がパーソナリティ障害等による強い行動特性でストレスを感じること），〔死と向かい合う緊張の持続〕11（利用者の自殺念慮や大量服薬等で緊張しながら支援すること），〔規範・感情の相反ストレス〕12（あるべき姿と個人感情が一致せずストレスを感じること），〔利用者の挫折による自責〕（就職等における利用者の挫折について自分を責めること），〔相性の不一致〕（特定の利用者と相性が合わないと感じること）のネガティブ要因と，〔社会を変える遣り甲斐〕13（制度や地域を変えていくことに遣り甲斐を感じること），〔自己実現の喜びの共有〕14（支援員が利用者の自己実現の喜びを共有すること），〔就職による支援意義の実感〕（支援員が利用者の就職で日々の支援の意義を実感すること）のポジティブ要因である。

　ここでも，《個人の感情バランス》同様，カテゴリー内のポジティブ／ネガティブ概念の順序や数の違いに意味は無い。《役割の感情バランス》は持続的であり，日常的な《個人の感情バランス》に比べて認識する時間の幅が長い。

　この段階ではスタッフのほとんどがチームを個人に優先して考えており，共通の役割意識で働いている。従って，《役割の感情バランス》においてネガティブ要因が顕在化する頻度が多いと〔チームの疲弊〕につながる。

表2-3　ヴァリエーション例2

No	概念名	ヴァリエーション例	協力者
8	「支援者」人格の追加	「わたし」と付き合ってるわけじゃなくて，「支援者のわたし」との対話なんだっていうところですよね。で，傷ついちゃうのは多分，「わたし」として関わってるから傷ついちゃうのであって。「わたしは支援者としての役割を担ってあなたのこと理解する」っていうスタンスであれば，傷つかないなと思っている。それが，どーっと「わたし」で行っちゃうと，「ああっ！」って。	m
9	非対称的な私的情報開示	初めてお会いした方とかに対して自分の，今までの，生活歴だったり病歴だったりとか，発症した経緯だったりっていうのを，とてもプライベートで繊細な部分っていうことを話す，であったりとか。「私はあなたの担当です」とかっていう関係性から，私たちが彼らの色んな情報を聞くけれども，私たちから開示するっていうことは限られている。	d
10	心理的距離の調整	支援はするんだけど，支援計画とかを実行していくのはご本人だし。どこを就職先に選んでとか。で，その後働いていくのはやっぱりご本人であって。いつまでも，ずっと先回りしてなにかやってあげられるわけじゃない。そうなった時に，その人は，私たちがいなければ生きていけないっていう，状況は目指してない。	p
11	死と向かい合う緊張の持続	精神の方だと，やっぱり一番記憶にあるのが，クレームだったり，自殺リスク系の対応をさせて頂いた方がいらっしゃったりとか。自宅での大量服薬ですね。	n
12	規範・感情の相反ストレス	だから極論で言うと，「死にたい人は死ねばいいんだ」っていう個人的な価値観を持ってたとしても，役割上は，それを言うっていうのは支援的にはNGですし，言うべきではなかったりする。そういう対応を続けてると，「なんでそう毎回『死ぬ』って言うんだろう」っていうところが。極端な例ですけど。	c
13	社会を変える遣り甲斐	この制度ってのは変わらないと思ったので，会社として，しっかりと，地域と支援と。国っていう部分の情報発信をしていかなきゃいけないな，っていうことの方の遣り甲斐を，ずっと今考えてます。	g
14	自己実現の喜びの共有	あと，「自己実現」です。例えば担当してた方が，就職，マッチングの調整して。1年ぐらい経った後で「マンション買った」って言ってたんで。障害のある方，うつの方なんですけど。「中古だけど，買ったんです」って言われて。私よりも遥かに給料高い感じで。	c

4．チーム内相互作用と心理面の変容（バランスの好転過程）

《双方向の問いかけ》（個人間の相互作用）から《共感と共同の習慣化》へ　図2-6は，図2-3上の「3」部分を示す。

センターには7名前後の支援員がいるので，支援員は困難や疑問が生じた場合，周囲に問いかけることができる（《双方向の問いかけ》）。初心者から熟練者に〔判る人への問いかけ〕15（初心者支援員が利用者への対応が判らず判る支援員に尋ねること）が，熟練者からは〔思考を促す問いかけ〕16（支援員が利用者に関して悩む同僚に思考を促すように問いかけること）が行われる。この《双方向の問いかけ》は，判らない事の不安を無くすことで《入口の感情バランス》を好転させ，気付きによる《支援者スキルの獲得》を促す。

センター内で支援員間に心理的な《軋轢の無い個人間関係》が形成されると，チーム内相互作用のモードは《共感と共同の習慣化》に移行する。これはチームとして共同作業を行う段階で，〔定期的な愚痴の出し合い〕17や問題行動の〔原因と対策の出し合い〕18が行われる。〔定期的な愚痴の出し合い〕は共感による癒しにより《個人の感情バランス》を好転させる。好転しない場合,〔個人の溜め込み〕を導きやすい。〔原因と対策の出し合い〕は,前述〔日常的関係による相互理解〕，〔利用者ごとの「べからず」把握〕，〔障害特性理解への動機づけ〕など《支援者としての独り立ち》を促進する。

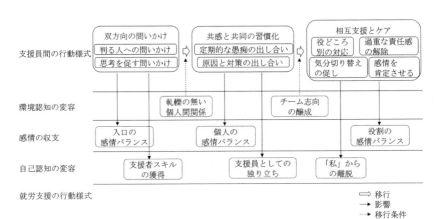

図 2-6　部分的結果図3（《双方向の問いかけ》から《共感と共同の習慣化》へ）

《共感と共同の習慣化》から《相互支援とケア》へ　《チーム志向の醸成》(全員がセンターというチームを優先して考えるようになること)によりチーム内相互作用が深まり，【支援員間の行動様式】は《相互支援とケア》段階へと移行する。チームのためにお互いが支援とケアができ，〔役どころ別の対応〕19 (支援タイプを分担して演じることでチームとして必要な支援ができること)・〔気分切替えの促し〕20 (支援員が失敗等で落ち込んでいる同僚に気分の切り替えを促すこと)・〔過重な責任感の解除〕21 (支援員が過度の役割責任を感じている同僚の精神的負担を減らすこと)・〔感情を肯定させる〕22 (支援員が同僚に自分の感情に気付かせそれを肯定させること)が行われる。これらが活発になると認知面では《「私」からの離脱》を促し，感情面では《役割の感情バランス》を好転させる。

表2-4　ヴァリエーション例3

No	概念名	ヴァリエーション例	協力者
15	判る人への問いかけ	精神疾患の方，「今日体調悪くって」って言ってる，その意味が判んなくて。気持ちが落ち込んでいるのが体調が悪いって言ってんのか，それとも実際に熱が上がってるとか吐き気がするとか，そういう体の方の具合の悪さなのか。「なんなのか良く判んないな」っていうのが，入社した時の最初のイメージでしたね。私の中では，そういう経験無かったので。最初は先輩支援員の人達に「あの人が言う体調悪いって，いったいなんなんですか」みたいなのを質問，何回もさせてもらった覚えがあります。	b
16	思考を促す問いかけ	「体調が悪いって意味が判んないんです」とか。「あの人，ガーッて来るから怖いんですけど。ああいう時どういう風に対応したらいいんですか」みたいなことを訊くと，「じゃあ，あの人の性格を考えてみよう」とか「障害特性を考えてみよう」とか。「どういう背景があって，あの人はbさんにガーッて来たんだろうね」とか。そういうのを質問してくれて。で，それに対して，「ああ，そっかそっか。あの人こういう障害特性があるから，こういう行動したのか，と思いました」と言うと，「そうだよね」って。メンターとの対話の中で，徐々に徐々に，イライラ，人間なのでイライラしたりするんですけど，そうじゃなくって「なんでなのかなあ」っていう方に切り替えができるようになってきたかな。	b

表2-4　ヴァリエーション例3（続き）

No	概念名	ヴァリエーション例	協力者
17	定期的な愚痴の出し合い	3時に利用者の方が帰るので，3時以降にスタッフ同士で言いまくって発散してます。（「それは効きますか」）ああ。スタッフ同士でワーワー言って，結構その日のうちに発散して，帰る。	l
18	原因と対策の出し合い	そこ（問題発生）の背景が見えてきたら，それをクリアしていったりとか。「もうちょっと，関わり方ってどうしたらいいんだろうか」っていう議論に発展するような関わりをすごく気をつけました。みんなでとにかく考えるっていう。	k
19	役どころ別の対応	役割みたいな形で。例えば，この方を導いていくために厳しい事言う人も絶対いなきゃいけないんです。ただその役割分担の中で，全員が言ってはいけないと思うので。ちょっと逃げ道を作っておいてあげるとか。本人じゃなくて周りに情報を共有して，相談に行ってもらえる環境を作っておくとか。	o
20	気分切り替えの促し	周りの人に，「まあc君，クヨクヨするな」みたいな。「しっかり切り替えないと駄目だよ」みたいに言われたんで。そういう環境には，いましたね。	c
21	過重な責任感の解除	「イライラした」とか「あの発言すごく嫌だった」みたいのも「言っちゃいけない」って多分みんな思っているんだけど。「良いんだよ」って。「思っちゃいけない」みたいな，ましてや「そういう感情を抱くこと自体が支援者としては駄目だ」って思ってるスタッフとかがすごく多いので。いや，良い，「思って良いの」「人間なんだから」って言って。関係性がある中であれば，そういった伝え方はやっぱり良くないってことも言っていって良いし。すごく自分が傷ついたって思ったら，それはちゃんと本人に判るように伝えていきましょうっていうところを。	k
22	感情を肯定させる	「今，自分がどういう感情でいるか」っていうことに気付きなさいと。今自分がアップアップなのか，余裕があるのか。相手からの対応に対してイラッとしたのか，「正直そんなんじゃ就職出来ないよ」って思ったのか，「甘えだよ」って思ったのか。何の感情でもいいから自分の持っている感情を，きちんと目を向けるっていうことを繰り返し伝えています。目を向けることで少しこう，フッて収まる部分と，「あっ。自分はこの人にこういう感情抱いたんだ」っていうことを。で，一旦心から頭にスイッチっていうか，意識が向くかなあと思っています。で，プロとしてやっている訳なので，心の部分は何を感じても良い。そして自分が感じていることに目を向ける，ただし，そこは絶対にコントロールしないように伝えています。「そう思った」ってことだけを捉える。コントロールできないところはコントロールしようとすると苦しくなる。	d

第 4 節　考　　察

1．支援員側の心理的過程の解明

　図 2-2 では，支援員の職業観が「指導者」から「支援者」へと発達している。その後は，《就労支援チームの一員》または《個人看板の就労支援》に分かれる。発達の条件は，《支援スキルの獲得》と《『私』からの離脱》という自己観であった。多様な心理的要因のうち，就労移行支援特有の職業観と自己観の発達段階が提示された。

　それぞれの段階に応じて，種類の異なる感情バランスが存在していた。ネガティブな感情が頻出することで，〔個人の溜め込み〕や〔チームの疲弊〕が生じ，バーンアウトやドロップアウトの原因となることが判る。これを防ぐには，事業所内で支援員同士がお互いにやり取りするスタイルが発達することが必要だった。個々の支援員の発達だけでなく，センター全体の発達が解決の鍵である。

　経験不足の支援員や，初めてのセンター長は，図 2-4 を理解することで，最初の発達段階にいる支援員の考え方や感情バランスを理解・予測でき，状況のコントロールが可能になるだろう。主な概念を具体的に理解するために，表 2-2 が役に立つ。次の発達段階も同様である（図 2-5，表 2-3）。

　個人と同時に，センターの発達段階もアセスメントする必要がある。これは図 2-6 と表 2-4 を理解することで可能になる。全ての概念とそれらの定義は，章末の表 2-5 を読むことで理解できる。

　利用者や同僚との相互作用は，支援員にさまざまな感情を生起させる。入口時点での感情バランスは，個人そして役割の感情バランスへと変容していく。つまり，「熟練していけばストレスは無くなる」という単純な話ではなく，ストレスや遣り甲斐の原因はどの段階にも存在しており，しかも質的に異なっているのだ。このことは，管理者は「個人レベルのアセスメント」が必要であることを示唆している。

2．チーム支援との違い：バーンアウトを防ぐ相互ケア

　いわゆるチームワークは，従来から就労支援における効果的な利用者支援の

技法の一つとして活用されてきた。そこでは，上司のスーパーヴァイズや定期的な事例検討会など職務タスク的アプローチ（Becker & Drake, 2003）や，円滑なコミュニケーションなど実践的アプローチ（松為・菊池，2006）が提唱されている。しかし，先行研究のほとんどは利用者ケアのためのチームワーク推進であり，チームワークの有するスタッフ間ケア効果の可能性は見過ごされてきた。本研究で浮上した二元均衡モデルは，臨床的リーダーシップの視点を加えることで既存のチーム管理理論（山口，2009）を拡張したと言える。

　支援員の利用者との関わり方は，組織の規定や支援マニュアルで定型的に決められたものではなく，同僚間の相互作用や支援員としての発達に影響されて変容していた。このメカニズムを理解することで，センター長や人事スタッフは，支援者ごとの多様な心理的状況を把握し，適切な時期に必要な介入を行うことが可能になる。実務的に管理職が全従業員のカウンセリングを行うことが困難な場合でも，支援員の感情収支を改善させる誘因を組織に埋め込むことにより，非公式な「場」によるケアを提供することができる。

3．既存理論との異同

　GTA では先行研究のレビューを 2 回行う。1 回目は「問題と目的」節で，主に実践面の先行研究が研究テーマに関してどこが未解明なのかを示す。2 回目は「考察」節で，当初のレビュー時点では想定していなかった理論が新たに生成された場合，それが既存理論とどう異なるか明示する。チーム管理理論については上述したため，「内面的な自己感情のコントロール」及び「他者との感情に関わるやり取り」に関する先行研究について考察する。

　就労移行支援員が利用者との相互作用において「自らの感情を抑制している」という点だけに注目すれば，感情労働理論（Hochschild, 1983）で説明することは可能である。例えば，看護師は患者の心無い言動に対する悪意や憎しみ等の感情を管理する（武井，2001）。介護労働者は利用者や家族からの言葉に傷つき，ふさわしい方向へ自己の感情をコントロールする（吉田，2014）。しかし，本研究が明らかにしたように，支援員は利用者との関係性から，素朴な喜びや仕事の遣り甲斐まで，さまざまな心理的報酬も得ている。この点で感情労働理論を就労移行に応用することには限界がある。精神病棟における看護や老

人介護に比べて利用者の自立度が高く，就労という目標かつ出口がある点が，このような違いをもたらしていると考えられる。

　他者との感情的な収支では，衡平理論（Adams, 1965）によれば，人は他者との交換に際し自分の投入と得られた産出の比率を他者と比較し，衡平性を認識する。しかし，最近の実証研究では，人々が常に衡平性回復行動をみせるわけではないことが示されている。例えば，援助規範意識の高い個人は過去に過少な分配が行われても第三者を通して不衡平を回復しなかった（中島・吉田，2009）。特に就労移行支援は投資と見返りが等しくない状況が長期化しても離脱できないという構造的制約があるため，支援員の心理的プロセスを衡平理論に基づいて説明するのは難しいと言える。

4．実践への提案

　分析結果の実践への応用については，個人レベルと集団レベルが考えられる。

　個人レベルでは，例えばセンター長が結果図を見ながら支援員と面談を行うことで，どの感情バランス段階にいるのか，ポジティブやネガティブ感情の想起具合について理解することができるだろう。相対的にネガティブ感情の想起度合が高い支援員がいた場合，個別に解決策を検討したり，支援員同士のピアサポート活動を奨励することもできる。経験の浅い支援員は，本研究で示した語りの例で，将来的に直面する状況をある程度想像することができるだろう。それにより準備性を高めることができれば，支援スキルの習得を促進できる。

　集団レベルでは，結果図のカテゴリーや概念を参考にして，メンバー間の関係性や相互ケアの度合を評価することができるだろう。相対的に評点が低いセンターに対しては，評価項目に応じて，例えば本部スタッフの面談出張や業務支援人員の派遣等で支援することが考えられる。例えば，感情バランス要素のうちポジティブな要素を意識する機会を増やすことができれば，〔個人の溜め込み〕や〔チームの疲弊〕が回避できる。

5．本研究の限界

　本研究は理論化及び実践プロセスの途中段階であり，本稿をもって理論として完成したとは言い難い。施設での研修や観察を重ねることで理論の妥当性や

有効性をさらに高めることができる。精神・発達以外の障害者就労支援のデータ収集・分析で，より一般性の高い理論の構築が可能になる。

引用文献

Adams, J. S. (1965). Inequity in social exchange. In L., Berkowitz(Ed.), *Advances in Experimental Social Psychology*, 2, 267-299. NY: Academic Press.

新雅子 (2009). 精神障害者の就労支援. 臨床心理学, 9, 620-626.

Becker, D. R. & Drake, R. E. (2003). *A Working Life for People with Severe Mental Illness*. New York: Oxford University Press. (大島巌・松為信雄・伊藤順一郎〔監訳〕(2004) 精神障害をもつ人たちのワーキングライフ—IPS：チームアプローチに基づく援助付き雇用ガイド. 金剛出版.)

福崎俊貴・谷原弘之 (2014). 精神科病棟に勤務する看護・介護職者の職業性ストレスとバーンアウトの実態—内科病棟との比較から. 産業衛生学誌, 56, 47-56.

Glaser, B. G., & Strauss, A. L. (1967). *The Discovery of Grounded Theory: Strategies for Qualitative Research*. New Brunswick & London: Aldine Transaction.

浜銀総合研究所 (2009). 就労移行支援事業所における就労支援活動の実態に関する研究報告書. 平成 21 年度障害者保健福祉推進事業.

橋本菊次郎 (2012). 精神障害者の就労支援における精神保健福祉士の消極的態度についての研究（第一報）—就労移行支援事業所の PSW のインタビュー調査から. 北星学園大学大学院論集, 3(3), 19-38.

Hochschild, A. (1983). *The Managed Heart? Commercialization of Human Feeling?*. CA: University of California Press. (石川准・室伏亜希訳 (2000) 管理される心—感情が商品になるとき. 世界思想社.)

石原まほろ・八重田淳 (2011). 職業リハビリテーション従事者の職場における職務ストレス. 職業リハビリテーション, 25, 49-56.

木村克典・松村人志 (2010). 精神科入院病棟に勤務する看護師の諸葛藤が示唆する精神科看護の問題点. 日本看護研究学会雑誌, 33, 49-59.

木下康仁 (1999). グラウンデッド・セオリー・アプローチ—質的実証研究の再生. 弘文堂.

小池磨美・小松まどか (2009). 精神障害者に対する就労支援過程における当事者のニーズと行動の変化に応じた支援技術の開発に関する研究. 独立行政法人高齢・障害者雇用支援機構障害者職業総合センター調査研究報告書 No. 90.

厚生労働省社会・援護局 (2016). 障害者の就労支援施策の動向について. 全国就労移行支援事業所連絡協議会第 5 回就労移行支援タウンミーティング報告資料.

厚生労働省職業安定局 (2009). 障害者の一般就労を支える人材の育成のあり方に関する研究会報告書. 厚生労働省.

松為信雄・菊池恵美子〔編〕(2006). 職業リハビリテーション学. キャリア発達と社会参加に向けた就労支援体系〔改訂第 2 版〕. 協同医書出版社.

三木良子 (2017). 精神障害者が一般就労を継続していくための支援プロセス. 大正大学大学院人間学研究科博士論文.

中島誠・吉田俊和 (2009). 第三者を通して行われる衡平性回復運動：報酬分配場面における実験研究. 実験社会心理学研究, 48, 111-121.

中野美奈 (2015). 産業領域の「新型うつ」に対する心理援助専門家の介入に関する質的研究. 産業・組織心理学研究, 29, 3-14.

Newcomb, T. N., Turner, R. H., & Converse, P. E. (1965). *Social Psychology: The Study of Human Interaction.* NY: Holt, Rinehart and Winston Inc.（古畑和孝〔訳〕(1973) 社会心理学―人間の相互作用の研究. 岩波書店.）

岡野なつみ・永野孝幸・那須史佳・中矢順子・小松佳子・米花紫乃 (2011). 看護師の感情のゆらぎ―神経性食欲不振症患者とのかかわりを通して. 高知女子大学看護学会誌, 36, 17-22.

大川浩子・本多俊紀 (2015). 就労移行支援事業所における人材育成の現状―アンケート調査から. 第23回職業リハビリテーション研究・実践発表会報告集, 92-93.

Payne, G. & Payne, J. (2004). *Key Concepts in Social Research.* Thousand Oaks, CA: Sage.

労働者健康福祉機構 (2012). 職場における心の健康づくり―労働者の心の健康の保持増進のための指針. 独立行政法人労働者健康福祉機構 産業保健・賃金援護部 産業保健課.

社会経済生産性本部 (2004). 2004年「産業人メンタルヘルス」プレスリリース（PDF）―管理監督者の役割と機能，30代を取り巻く状況等. Retrieved from https://consul. jpc-net. jp/mental/hakusho02. html（2018年10月22日）

Stone, D. L. & Colella, A. (1996). A model of factors affecting the treatment of disabled individuals in organizations. *Academy of Management Review,* 21, 352-401.

菅沼慎一郎 (2013). 青年期における「諦める」ことの定義と構造に関する研究. 教育心理学研究, 61, 265-276.

武井麻子 (2001). 感情と看護―人とのかかわりを職業とすることの意味. 医学書院.

若林功 (2011). 職場サポート・配慮の要因に関するエビデンス：文献レビュー. 職業リハビリテーション, 25, 40-48.

山口知代・島津聖子・山田貴代子・荒木孝治 (2006). 精神科病棟に勤務する若手看護師の看護者間対人葛藤とサポートシステムについて. 大阪府立大学看護学部紀要, 12, 77-84.

山口裕幸〔編〕(2009). コンピテンシーとチーム・マネジメントの心理学. 朝倉書店.

吉田輝美 (2014). 感情労働としての介護労働―介護サービス労働者の感情コントロール技術と精神的支援の方法. 旬報社.

注）本章はJSPS科研費 JP26350303 の助成による論文「就労移行支援員の心理的変容過程」（竹下浩・藤田紀勝，産業・組織心理学研究第33巻1号，3-17）を加筆・修正した。

表2-5　概念リスト（見開き）

カテゴリー	サブ・カテゴリー	No.	概念名
支援員間の行動様式	双方向の問いかけ	5	判る人への問いかけ
		47	思考を促す問いかけ
	共感と共同の習慣化	1	定期的な愚痴の出し合い
		31	原因と対策の出し合い
	相互支援とケア	33	役どころ別の対応
		7	気分切り替えの促し
		17	過重な責任感の解除
		54	感情を肯定させる
環境認知の変容	（無し）	44	軋轢の無い個人間関係
		64	個人の溜め込み
		51	チーム志向の醸成
		63	チームの疲弊
感情の収支	入口の感情バランス	8	1対1の不安
		52	「普通さ」への安堵
	個人の感情バランス	11	事務負担のストレス
		45	人間関係のストレス
		21	行動特性によるストレス
		42	利用者体調悪化の責任感
		27	「できない」ことへの苛立ち
		2	利用者変化の嬉しさ
		26	役に立てた満足
	役割の感情バランス	13	強い行動特性のストレス
		12	死と向かい合う緊張の持続
		20	規範・感情の相反ストレス
		6	利用者の挫折による自責
		53	相性の不一致
		24	社会を変える遣り甲斐

表 2-5　概念リスト（続き）

定　義
初心者支援員が利用者への対応が判らず判る支援員に尋ねること。
支援員が利用者に関して悩む同僚に思考を促すように問いかけること。
支援員が定期的に支援に関する愚痴を出し合うこと。
チームで習慣的に利用者の問題行動の原因と対策を考えあうこと。
支援タイプを分担して演じることでチームとして必要な支援ができること。
支援員が失敗等で落ち込んでいる同僚に気分の切り替えを促すこと。
支援員が過度の役割責任を感じている同僚の精神的負担を減らすこと。
支援員が同僚に自分の感情に気付かせそれを肯定させること。
支援員がセンター内個人間に軋轢が無いと思っていること。
支援員が問題を一人で抱え込みストレスが蓄積すること。
全員がセンターというチームを優先して考えるようになること。
チームに長期的なストレスが蓄積して，疲弊すること。
初心者支援員が 1 対 1 で利用者と対峙することに不安を感じること。
支援員が健常者と同じ様子の利用者を見てほっとすること。
支援員が支援以外の事務の多さにストレスを感じること。
支援員が職場の人間関係でストレスを感じること。
支援員が利用者の行動特性に接することでストレスを感じること。
支援員が自分が利用者の体調を悪化させたと思い責任を感じること。
支援員が支援したにもかかわらず利用者が改善せず苛立つこと。
支援員が利用者の就労スキル習得を見て嬉しく感じること。
支援員が利用者の役に立てたことで満足を覚えること。
支援員が強い行動特性の継続でストレスを感じること。
支援員が利用者の自殺念慮や大量服薬等で緊張しながら支援すること。
支援員があるべき姿と個人感情が一致せずストレスを感じること。
支援員が就職等利用者の挫折について自分を責めること。
支援員が特定の利用者と相性が合わないと感じること。
支援員が制度や地域を変えていくことに遣り甲斐を感じること。

表2-5 概念リスト（続き）

カテゴリー	サブ・カテゴリー	No.	概念名
	役割の感情バランス（続き）	23	自己実現の喜びの共有
		40	就職による支援意義の実感
自己認知の変容	支援の開始	48	支援知識・経験不足
		38	意思疎通の難しさ
	支援者スキルの獲得	18	問題行動の原因への集中
		37	働きかけ方の反省
	支援員としての独り立ち	10	利用者ごとの「べからず」把握
		32	障害特性理解への動機づけ
		39	日常的関係による相互理解
	「私」からの離脱	30	「支援者」人格の追加
		59	非対称的な私的情報開示
		61	信頼あれど依存無し
就労支援の行動様式	就労の指導者	41	スキルの押し付け
		3	型に嵌めた支援
	（無し）	62	信頼手前の関係
	就労の支援者	28	アイディアを実践で試す
		4	個人との向かい合い
	個人看板の就労支援	57	見返りを求める
		58	不在が生死に関わる
	就労支援チームの一員	60	チーム単位の対応
		50	心理的距離の調整

表 2-5　概念リスト（続き）

定　義
支援員が利用者の自己実現の喜びを共有すること。
支援員が利用者の就職で日々の支援の意義を実感すること。
支援員が入口段階で支援に関する知識や経験不足を感じること。
障害特性により支援員が利用者との意思疎通に難しさを感じること。
支援員が利用者の問題行動でなく原因に意識を集中すること。
支援員が失敗理由を利用者でなく自分の関わり方と考え反省すること。
支援員が利用者ごとに「してはいけないこと」を把握すること。
支援員が支援遂行につれて障害者特性の理解に動機づけられていくこと。
支援員と利用者が日常的に関わりあう結果，相互理解が進むこと。
支援員が「私」とは別に「支援者」の人格を追加すること。
利用者に比べて支援員は私的情報をほとんど開示しないこと。
支援員が利用者との良好な関係を志向しつつも依存を生じないようにすること。
支援員が利用者の障害特性を配慮せず指示的に指導すること。
支援員が障害特性や支援技法だけに基づいて型に嵌めた支援をすること。
支援員と利用者間に信頼関係が構築できていないこと。
支援員が個別支援のアイディアを実践で試すこと。
支援員が利用者を「障害者」ではなく特定の個人として相対すること。
支援員が利用者に「してあげた」ことの見返りを期待すること。
支援員が自分がいないと利用者の生死に関わる状況だと思うこと。
支援員が個人ではなくチーム単位で利用者に対応すること。
支援員が利用者に対して適正な心理的距離を保ち過度な支援は行わないこと。

第3章

躓きタイプ別の支援の仕方

第1節　問題の所在と研究目的

　近年，障害者雇用の状況が大きく変化し，特に精神・発達障害者の求職が急増している（松為，2013）。平成 30 年度のハローワークを通じた障害者の就職件数（102,318 件）は前年比 4.6％増加，障害種別では精神障害が最多（48,040件）であるが，就職率は 47.4％と半分に満たない（厚生労働省職業安定局，2019）。障害者自立支援法（2006）で創設された就労移行支援事業者も，2010年の 1,854 社から 2014 年の 2,926 社へと急増した。ここでも精神障害者の伸びが最大で（2008 年以降 7 年で 5 倍超），全数の半数近くを占めている（厚生労働省社会・援護局，2016）。四元（2017）は就労時に精神障害者手帳を取得する発達障害者が増加していることを指摘し，精神障害者雇用における発達障害者の割合を約 9％と算定している。

　医療・福祉から雇用への橋渡し期では企業が必要とする就労スキルが必須となり，支援員の約半数（52.2％）が民間企業経験者である（浜銀総合研究所，2009）。その一方で利用者は，「不適切な自己像」「周囲との関係性が理解不能」「瞬間的な好き嫌いによる行動」等の障害特性によって就労スキル習得を妨げられている（新，2009）。こうして，橋渡し期特有の支援ニーズに対応できる「支援員の養成」が急務となっている（小池・小松，2009）。しかし，現場の支援員は支援経験が少なく必要な知識・スキルが不足しており，事業者側にもノウハウが蓄積されていない（厚生労働省職業安定局，2009）。では，先行研究は就労支援に関して，どこまで解明しているのだろうか。

問題：
1. 近年、働きたくても働けない精神・発達障害者が急増
　　急増する求職の一方、就職率は半分に満たない
2. 障害特性が就労スキル習得を妨げることが指摘されている
3. 急成長業界なので、現場は経験不足、本部もノウハウ未蓄積

先行研究：
1. 支援方略
　　一方的・段階的でなく、就労準備性に応じて変化
　　支援員の判断と利用者の意思が相互作用しながら複数の支援が行われる
2. 支援員側の心理的要因
　　態度（例：就労移行支援は精神保健福祉士の対象業務外）
　　感情（例：らちがあかない）が、支援方略に影響
部分的に解明されてきたが、どのような支援方略が利用者のどのスキルを高めるかに
ついては未着手

そこで本章では、障害者就労移行支援事業で：
①利用者はどのように就労スキルを獲得していくか、
②支援員はそれをどう支援しているのか、解明する。
現場で使える効果的支援のガイドラインを提示するのが目的。

図 3-1　問題の所在と研究目的

支援方略　従来考えられていた一方的・段階的なプロセス（例：相談→能力開発→就職支援→定着支援）ではなく，相互作用的なプロセスであることが解明されている。例えば，支援段階が職業準備・選択材料・マッチング支援へと進むにつれて直接的な支援の割合が減る（稲垣，2012）。支援員の判断と利用者の意思が相互作用し，複数の支援が同時・波状的に行われている（小池・小松，2009）。

支援方略に影響を及ぼす支援員側の心理的要因　精神保健福祉士の態度（就労支援は専門外・交渉等が苦手）が利用者の就労を阻害し（橋本，2012），心理援助専門職の感情（「らちがあかない」感じ）が介入方略（現実問題への対処と気づきの支援）に影響している（中野，2015）などが解明されている。

このように，支援方略や方略への影響因は部分的に解明されているが，方略の結果（支援方略が利用者の就労スキル習得にどう影響するのか）は明らかとなっていない。就労支援は，ただ実施するだけではなく，利用者に就労スキルを実際に習得させなければならない。支援員のさまざまな支援スキルは，利用者の異なる就労スキル習得に影響するだろう。そこで本研究では，利用者の就

労スキル習得プロセスと支援員の支援スキル習得プロセスを統合的に明らかにする。これにより，効果的なガイドラインを提示することができると考える。

第2節　方　　　法

1．方法の選択
第2章と同じ。

2．対象とデータ収集方法
第2章と同じ。

3．分析の手続き
分析テーマの設定　インタビュー時点での分析テーマは「就労移行支援員の支援プロセス」であったが，「就労移行支援員の心理的変容プロセス」を分析（第2章）した後，理論的メモ・ノートを用いた考察により，新たに知りたい事として分析テーマ「就労移行支援事業所における利用者の就労スキル習得支援プロセス」を設定した。

分析焦点者の設定　分析焦点者は，調査協力者の属性ではなく抽象化された分析対象者の集団である（木下，2007）。本研究では「就労移行支援事業所における支援員」とした。支援員には企業勤務経験者と福祉業務経験者がいるが，両者とも就労移行支援は初めてであること，精神・発達障害の支援内容の違いについては障害者別コースを設置していないことから，利用者がセンターで総体的に受けている支援の解明には，属性で分けない分析焦点者の設定が適切であると考えた。

　以下，逐語記録の作成・分析ワークシートの作成・理論的メモの作成・結果図の作成・継続的比較分析は，第2章と同様である。

理論的飽和化の判断　理論的飽和化とは，分析者が「分析テーマで限定した範囲では，新たなデータを収集しても，これ以上結果図は変わらない」と判断することである（木下，1999）。

　M-GTA による分析では，結果図は分析開始時点と終了時点との間に非連続的

に（分析者も想定しなかった構造に）変容していく。対照的に「研究者の意味世界に偏った薄い記述」（佐藤，2008）や時系列による分類では，分析者があらかじめ想定したカテゴリーに該当するデータや概念を抽出していくため，結果図は連続的に変容する。本研究における結果図は，初期の「同心円型」から「並行型」（支援員の仕事や自己への見方・支援員の利用者への働きかけ方・支援員から見た利用者のスキル発揮が並行して発達していく）構造へ，さらに「循環型」構造（後述）の結果図へという非連続的な変容が見られた。

「同心円型」は「利用者のスキル習得」カテゴリーと「支援員の働きかけ」カテゴリーで構成されていたが，概念とカテゴリーが増えた結果，書き込みに基づいて「並行型」の結果図が作成された。初期の並行型結果図には，「（概念で裏付けられていないカテゴリーを示し）探す」，「ここは行きつ戻りつ」「ここはプロセスでなく顕在化」等の説明や，概念名の修正や追加がメモされていた。

結果図の矢印（カテゴリー間関係）は，分析者の経験則や既存概念ではなく理論的コーディング（継続的比較分析で理論的感度が高まり，記述・解釈的でバラバラの領域密着型概念が理論的に関連付けられること）によった。着想された矢印は，概念リストの定義や分析ワークシートの原因・結果欄と照合，データで裏付け（もしくは棄却）した。例えば，利用者の何かが出来ない状況を支援者が見て，なんとかしたいと動機づけられて支援が導かれている可能性に気づいたときに，矢印を引くことを考え，カテゴリー間に矢印が引けそうな箇所を特定し，各カテゴリーに含まれる概念の定義を確認した上で矢印を引いた。

第3節　結　　果

分析の結果，4つのカテゴリーと19のサブ・カテゴリー，2つの準サブ・カテゴリー，55の概念が生成された。分析ワークシートにおける各協力者のヴァリエーション採用数は，27，5，9，4，8，10，10，11，4，11，9，5，7，4，8，18，9，8（分析ワークシート作成順）であった。以下，カテゴリー（表ラベル）ごとの概念を一覧表にして示す（表3-1 ～ 4）。

表 3-1　作業ギャップ発見→教える

サブ・カテゴリー	No.	概念名	定　義
実務の指導	1	高い自立度の発見	支援員が，健常者並みの処理力を見て，特別な支援は不要と思うこと。
	82	障害名によるラベリング	支援員が，研修等で得た障害知識に基づいて，利用者を見ること。
作業ができない	75	作業時間の遅さ	利用者が，障害特性により，作業に時間がかかること。
	79	ルールの不遵守	利用者が，障害特性により，センターのルールを遵守しないこと。
	23	自己コントロールの困難さ	利用者が，攻撃的言動や自殺念慮等，自己コントロールが困難なこと。
やり方を教える	9	実務の講義	支援員が，実務や作業のできない利用者を見て，やり方を教えること。
	26	一方的ペースの指導	支援員が，利用者の障害特性に配慮せず，一方的なペースで教えること。
作業ができる	64	正確性や速度の向上	利用者が，個別の作業訓練で，正確性や速度等のスキルを向上すること。
	37	態度や集中力の向上	利用者が，個別に作業訓練を行うことで，態度や集中力が向上すること。
	11	得意と苦手の自己理解	利用者が，自分の技術的スキルの傾向を把握できること。

表 3-2　対人ギャップ発見→付き添う

カテゴリー	準サブ・カテゴリー	No.	概念名	定　義
個人同士の向かい合い		32	対人関係への志向性	支援員が，他者との関り合いについて，以前から興味を持っていたこと。
		31	内面への日常的な関心	支援員が，他者の内面に対して日常的な関心を抱くこと。
		61	個人差への気付き	支援員が，障害でラベリングせず，個人による違いの存在に気付くこと。

表 3-2　対人ギャップ発見→付き添う（続き）

カテゴリー	準サブ・カテゴリー	No.	概念名	定　義
他者と上手くやれない		20	開示の経験不足	利用者が，これまで誰かに自分のことを話す経験に乏しかったこと。
		57	他者への帰属とクレーム	利用者が，失敗の原因を周囲のせいにしたり，センターに不満を言うこと。
		56	激しい感情の表出	利用者が，周囲の人々に激しい感情をそのまま表出してしまうこと。
観察と問いかけ		27	行動の注視と気付き	支援員が，利用者の問題行動を見て，観察から気付きを得ること。
		24	行動理由の本人確認	支援員が，利用者の問題行動を見つけるたびに，理由を尋ねること。
他者の心の分析		2	個人毎の困難さの発見	支援員が，質問や観察により，個々の利用者の問題や困難さが判ること。
		54	心の仕組の解明	支援員が，個々の利用者特有の思考や感情の仕組みが判り，納得すること。
付き添いながら経験させる	距離感の調整	69	精神状態把握と対応選択	支援員が，利用者の精神状態を把握しながら対応を選択すること。
		49	センター単位の応対	支援員が，自分個人ではなくセンターの一員として利用者に接すること。
		47	依存の察知と線引き	支援員が，利用者の依存傾向を察知して，一定の距離を明示すること。
	関わりの共有	80	見立ての試行	支援員が，利用者の行動の原因を仮説化し，それに基づいて働きかけること。
		10	意見出し合いと調整の場づくり	支援員が，利用者同士に，意見の出し合いと調整をさせること。
		8	対人面躓き共有と解決法の検討	支援員が，利用者が対人面で躓いた状況を共有して，克服方法を一緒に考えること。

表 3-2 対人ギャップ発見→付き添う（続き）

カテゴリー	準サブ・カテゴリー	No.	概念名	定　義
他者と上手くやれる		12	本音を抑えた言動	利用者が，他人と上手くやるために本音を抑えて言動すること。
		19	自分の仕事限界の発信	利用者が，障害特性による仕事の限界を周囲に伝えられること。
		59	状態説明と協力依頼	利用者が，他者に自分の状態を説明して，必要な協力を求めること。

表 3-3 認知ギャップ発見→気づかせる

カテゴリー	No.	概念名	定　義
別の見方ができない	3	「昔」基準の頑張りと挫折	利用者が，昔の自己能力観で頑張った結果挫折し，続かないこと。
	73	物事への強い拘り	利用者が，日常の言動に特有の拘り方を持つこと。
	5	言動の否定的な受けとめ	利用者が，周囲の言動を否定的に解釈してしまうこと。
技掛けができない	67	闇雲な接近	支援員が，利用者の受け止め方を考慮せずに働きかけを行うこと。
	46	基準の一方的押し付け	支援員が，利用者に，自分や企業等の基準を一方的に押し付けること。
	48	追随と不介入	支援員が，利用者の要求に追随し，本来必要である介入を行わないこと。
自分の心の分析	43	自己感情の観察と言語化	支援員が，自分の感情を観察し，言語化できるようになること。
	44	感情と言動の切り離し	支援員が，自分の感情が行動や態度に出ないようにすること。
	45	感情処理の工夫	支援員が，生じた感情を処理するために独自の工夫を考え出すこと。
受けつつの技掛け	13	要望ベース目標と結果の確認	支援員が，利用者の希望に基づき活動計画を設定，折を見て無理に気付かせること。
	52	同意・共感後の問題指摘	支援員が，言い分に同意・共感してから，本人の問題点を率直に指摘すること。

表 3-3　認知ギャップ発見→気づかせる（続き）

カテゴリー	No.	概念名	定　義
別の見方ができる	6	捉え方の変更	利用者が，従来の出来事に対する否定的な捉え方を変えること。
	17	違う考え方の受け入れ	利用者が，自分と異なる見解に納得して，考え方を修正すること。

表 3-4　自立発見→見守る

カテゴリー	No.	概念名	定　義
自分で仕事ができる	4	自己特性と「できる範囲」の理解	利用者が，自己の特性と，それによる仕事上の限界を理解できること。
	42	単独経験による行動則の学習	利用者が，単独で経験しつつ対人関係の行動ルールを学ぶこと。
	18	向いている仕事の見当づけ	利用者が，自分の能力と状態を理解し，適した仕事の見当をつけること。
	35	単独の状況判断と言動調節	利用者が，自分ひとりで状況を判断して言動を調節できること。
就労支援者の一員	39	サービスの提供者	支援員が，支援には接客サービス的要素も含まれていると考えるようになること。
	41	見立ての相対視	支援員が，自分の見立てだけを絶対視せず，他者の多様な見方や立場を理解すること。
他者との連携	40	地域他機関との連携	支援員が，必要に応じて地域の他機関と連携すること。
	36	職場内支援の環境づくり	支援員が，受入企業の職場で利用者に配慮できる態勢を作ること。
	77	情報共有と役割分担	支援員が，支援員間で情報を共有したり役割を分担したりすること。
	14	準備性の高まりと支援外し	支援員が，就労準備性が高まった利用者への支援を無くていくこと。
	38	来所したい雰囲気づくり	支援員が，利用者がセンターに来たくなるような雰囲気を醸成すること。

表3-4　自立発見→見守る（続き）

カテゴリー	No.	概念名	定　義
自己ブランドの援助	28	支配的な保護者	支援員が，利用者に対して支配的な保護者のように振舞うこと。
	29	見立ての絶対視	支援員が，自己の見立てをいつまでもどの状況でも通用すると思うこと。

1．結果図とストーリーライン

　生成された理論の理解を容易にするため，結果図は簡潔なカテゴリーレベルで示した（図 3-2）（次節以降でカテゴリー内概念を説明する）。対人的相互作用の構造が理解できるように，各カテゴリーの行為要素（スキル）と認知要素

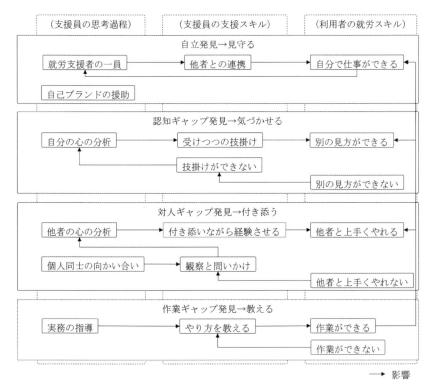

図 3-2　就労スキル獲得の支援プロセス（カテゴリーレベル）

（思考）を縦に揃えて表示した。

　支援員は，利用者の就労スキル不足（図の右側）に気づくことで支援に動機づけられ，就労スキルのタイプごとに異なる思考過程を経て（左側）支援スキルを使用していた（中央）。支援プロセスは4つのタイプ（「作業ギャップ発見→教える」・「対人ギャップ発見→付き添う」・「認知ギャップ発見→気づかせる」・「自立発見→見守る」）があり，それぞれ思考と行為のパターンが異なっていた。利用者は，支援員の支援スキル発揮により作業・対人・認知・自立スキルを習得していた。

　以下，コア・カテゴリーごとに説明する。各概念のヴァリエーション（語り）例は概念名に下付き数字を表示しておき，各段階の最後で表にまとめた。

2．支援技法1：作業ギャップ発見→教える

　以下図3-3は，図3-2の該当部分を概念レベルで示している。

　利用者には，未経験作業の〔作業時間の遅さ〕や障害特性による〔ルールの不順守〕が見られる。支援員は，普段から健常者同様の処理能力（OAソフト操作等）を目にしている（〔高い自立度の発見〕1）ため，個々の障害特性は考慮せず（〔障害名によるラベリング〕2），どの利用者に対しても手順を教えるだけでよいと考える。そして〔実務の講義〕と〔一方的ペースの指導〕が行われ，利用者は〔自己コントロールの困難さ〕を抱えつつも，反復練習により《作業

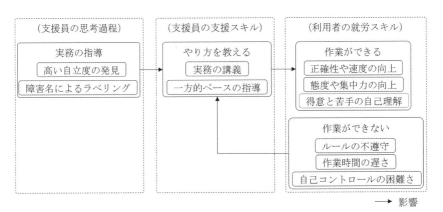

図3-3　作業ギャップ発見→教える

表 3-5　ヴァリエーション例（1）

No	概念名	ヴァリエーション例	協力者
1	高い自立度の発見	ああ。割と，就職を目指すくらいの人達が来られるので，自立度が高いんですよね。	8
2	障害名によるラベリング	最初の 1 年間とかはもう，ちょっとその，完全に障害のある人，みたいな見方をしていて。なんかその，腫れ物に触るような対応はしていたんですけど。	18

ができる》ようになる。ここまでのヴァリエーション例を表 3-5 に示す。

3．支援技法 2：対人ギャップ発見→付き添う

　以下図 3-4 は，図 3-2 の該当部分を概念レベルで示している。

　やがて支援員は，〔対人関係への志向性〕3・他者の〔内面への日常的な関心〕4・〔個人差への気付き〕）を通じて《個人同士の向かい合い》を行うように

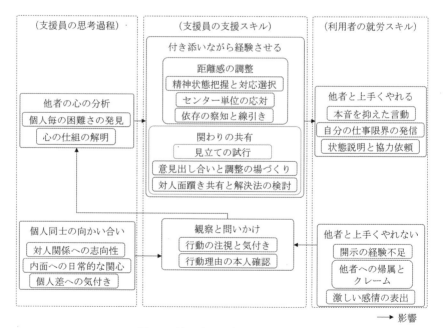

図 3-4　対人ギャップ発見→付き添う

なる。支援員は，利用者の自己〔開示の経験不足〕・失敗の〔他者への帰属と
クレーム〕・〔激しい感情の表出〕に直面し，利用者の〔行動の注視と気付き〕5
や〔行動理由の本人確認〕6 を行う。それにより〔個人毎の困難さの発見〕7 と
個人特有の〔心の仕組の解明〕8 ができるようになる。

　《他者の心の分析》は，《付き添いながら経験させる》方略を可能にする。こ
れは《距離感の調整》（〔精神状態把握と対応選択〕9・〔センター単位の応対〕・
〔依存の察知と線引き〕）と《関わりの共有》（〔意見出し合いと調整の場づくり〕・
利用者の問題行動原因についての〔見立ての試行〕・〔対人面躓き共有と解決法
の検討〕10）が含まれる。

　《付き添いながら経験させる》ことで，利用者は〔本音を抑えた言動〕，〔自分
の仕事限界の発信〕11，〔状態説明と協力依頼〕12 ができるようになる。ここま
でのヴァリエーション例を表 3-6 に示す。

表 3-6　ヴァリエーション例（2）

No	概念名	ヴァリエーション例	協力者
3	対人関係への志向性	基本的にみんな多分…人を見るのが好きなので。そういう人の変化とか。みんなで話したり，訊いたり。「こういう変化あったよ」とか。あと，そういう話してるだけでも全然楽しいかな，と思う。	18
4	内面への日常的な関心	「なんでこの人，こう思ったんだろうな？」っていうのは，この会社に入ってから凄く考えるようにはなりました。なので，例えばそう，急にばっと言われたとしても，「ああ，なんかこの人の考えには裏あるんじゃないかなあ」とか，「本心は違うんじゃないかなあ」みたいなのは，多分，障害があっても無くても，今の僕の，知人関係友人関係会社の同僚とかでも感じるようにはなってるってのがあると思います。	7

表3-6　ヴァリエーション例（2）（続き）

No	概念名	ヴァリエーション例	協力者
5	行動の注視と気付き	この段階は，もう，ほんとにこう，「見る」。見て，「あー。人ってこう，変化していくんだなあ」とか。なにかあった時にまず，メンバーの方から，声が，話しかけられるとか。声を掛けられるとか。困って，「あ！なんか困ってるのかなぁ」ってこう，「気付ける」っていう関係性なのかなあと思います，最初は。「深く」っていうよりは。…そんな感じですね。だから障害の知識とかもこの辺りでは，多分まだ「知っている」。「あ，そういう症状。統合失調症って幻覚があるんだな」って知っているみたいな。で，こう，この辺りだと，なにかこう，空所，どっかと喋ってるような様子を見たら，「あ！あれ，幻覚なのか」「幻覚かな？」って判るみたいな。で，それに対して介入ができる，みたいな感覚，ですね。	5
6	行動理由の本人確認	どうしてそういう風に思ってしまったのかとか，どうしてそういうことをしたのか，なんでそういう風に考えるんですかっていうのを，常にどんどんどんどん訊いていくんですよね。	2
7	個人毎の困難さの発見	「ずっと長い事引きこもってたんで，人と接するのが怖いです」とか。あとは，「頑張りすぎちゃって，集中しすぎちゃって，すぐ，充電切れみたいになるんです。オーバーヒートしちゃうんですよ」みたいな，言ってくる人がいたりとか。「自分がやりたい仕事が，どうしても判んなくて瞑想してるんです」，とか。なんか，色んな人の，そういう話，ガンガン質問すれば，しただけ，なんかしら一つぐらい，あの，「あっ！なるほどね，そりゃ，就職するの怖いよね」っていう，理由が聞けてきて。で，なんかそうやって考えていくと，「そっかそっか」って。ひとり1こぐらい，そうやって，健常者って言われてる人には無いぐらいの，就職するのに困っちゃう何かってあるんだなあって。	3
8	心の仕組の解明	じゃ，それはどうしてそうなったんですか？ってまた答えが出ますよね。で，その答えに対して，じゃあ，それはどうしてこんな風に思ったんですかって。どんどん，どんどん，こう，掘り下げていくんですよね。そうするとすごく，シンプルな答えがけっこう出たりするんですよね。なのでそうすると，わたしたちも，「ああ，そうだったんですね」って，落ちるんですよ。	2
9	精神状態把握と対応選択	結構これ，ほんと複雑かなって思ってて。例えばその，「あ。今聞いちゃまずいかな？」とかも，考えながらやっている。	13

表3-6　ヴァリエーション例（2）（続き）

No	概念名	ヴァリエーション例	協力者
10	対人面躓き共有と解決法の検討	私とかの場合ですと，結構ちょっとこう，「えーと，今の行動は，世間一般に言われると，こうだから，もうちょっとこういう風に，直すといいよね？」っていう形で，お伝えさせて頂いたりとか，っていうのをさせて頂いています。	10
11	自分の仕事限界の発信	今の自分の状態っていうのを，どれだけ把握できてるかっていうのが，結構ポイントかなっていうのは，色々接してて思うんですけれど。それができていれば，会社で働いたとしても，自分ができる範囲の仕事と，あとは，「ここは助けて欲しいです！」ってのを，自分でこう，発信することができる。	1
12	状態説明と協力依頼	「じゃあ緊張してて，なんかおっきい声出しそうだなって思ったら，相談してくれますか？」って言ったら，相談してくれるようになって，大きな声出さなくなった人もいるわけですよ。	2

4．支援技法3：認知ギャップ発見→気づかせる

図3-5は，図3-2の該当部分を概念レベルで示している。

利用者は，自己能力に関する〔「昔」基準の頑張りと挫折〕，〔物事への強い拘り〕，〔言動の否定的な受けとめ〕がある。支援員はそれに直面し何とかしようとするが，相手の思いを考慮せず〔闇雲な接近〕や〔基準の一方的押し付け〕を行うか，逆に要求に追随し必要な介入を行えない（〔追随と不介入〕）。支援員

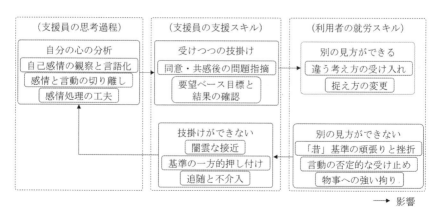

図3-5　認知ギャップ発見→気づかせる

は自己の限界に気づき，〔自己感情の観察と言語化〕13，〔感情と言動の切り離し〕，〔感情処理の工夫〕14 を行う。

《自分の心の分析》ができると，希望通り目標を設定・実施してから無理なことに気付かせたり（〔要望ベース目標と結果の確認〕15），まず同意・共感した後で問題点を直截に指摘したり〔同意・共感後の問題指摘〕16）できるようになる。

《受けつつの技掛け》で，利用者は〔違う考え方の受け入れ〕17 や〔捉え方の変更〕18 ができるようになる。ここまでのヴァリエーション例を表3-7 に示す。

表3-7　ヴァリエーション例（3）

No	概念名	ヴァリエーション例	協力者
13	自己感情の観察と言語化	今，自分が，アップアップなのか？　余裕があるのか。今その対応…，こう相手からの対応に対して，イラッとしたのか。正直，「そんなんじゃ就職，できないよ！」って思ったのか。「甘えだよ！」って思ったのか。なんの感情でもいいから，自分の思っている感情を，きちんと目を向けるっていうことを，えーと，繰り返し伝えています。えーと，目を向けることで少しこう，「フッ」ておさまる部分と。「あっ。自分はこの人にこういう感情抱いたんだ」っていうことを。で，一旦心から頭にスイッチっていうかこう，意識が向くかなあと思っています。	17
14	感情処理の工夫	面談前に深呼吸してから臨むとか。相手のことを，「イラッとするのは，自分が思い通りにしたいと思ってるからだ！」って思うと，「そもそも思い通りにならないものなんだ」って思い込むとか。	15

表 3-7　ヴァリエーション例（3）（続き）

No	概念名	ヴァリエーション例	協力者
15	要望ベース目標と結果の確認	もともと出来てたからっていうところもあって。で，私，個人的には，自分でやりたいと思わないと，人に言われてやることってなかなか続かないだろうなと思うので。もう，あの，最初にお伺いした時に，「ちょっと無理な目標だな」って自分では思っても，一旦こう，そういうご希望があれば，「じゃ，それに向かって，やってみましょうか」っていう計画から，結構，入ったりしますね。なので，「じゃあ，フルタイムで働きたいんだったら，週5日，活動できてなきゃ駄目だから」「ここにも週5日，来てみましょうか？」っていうので，そういう計画を立ててみて。実際にやってみて「ああ，なんか，意外と体力が無いかも」みたいな，気づきがあったら，うん。「じゃあ，ご自身に合う働き方ってどんなんですかね？」ってこういう，投げかけをこう，定期的にしながら，ちょっとずつそこに気づいて頂いたりとか。あとはまあ，その中でも，「できること」と，「ま，やっぱりここは，助けてもらいましょうよ！」っていうところを，実践を通して，なんかすり合わせをしていく。っていうようなイメージなので。で，最初っからガツッと「こうしましょうね」って言うよりは，ご本人がやりたいところを，こう尊重するような。まあ，色んな訓練を組み合わせて。「じゃあ，実践でやってみて，確認しましょうか？」っていうような。時期を設けながら。やっていく，っていうのが，多いかなあ…。	1
16	同意・共感後の問題指摘	「一旦は，受けとめる」みたいに。「とにかく，要望としては聞き入れる」とか。そう感じてるのは事実だから，そこは否定しないでちゃんと受けとめるっていうのができる人も，います。（略）うん…「なんかでも，それって違くない？」みたいなではなくって。「あ，そういう風に感じてるんだな！」とか。…それが良いか悪いかは，次のステップっていうか。まずは，出してることに対しては，否定をせず，ちゃんと聴くってことですね。	16

表3-7　ヴァリエーション例（3）（続き）

No	概念名	ヴァリエーション例	協力者
17	違う考え方の受け入れ	収入落としてでも長く安定して働くこと，身体が元気に働けることを考えていくのかってのは，ご本人様として今のお気持ちはどうですか？っていった話はさせて頂いてます。で，中には「いやいやもう，じゃあ話しになんないから，いいわ」って方もいらっしゃいますし。その中でもう1回考えられて，やっぱり，よーく考えてみたら今の現状を，精神面だとか体調が安定しない中でもう1回働くよりも，ちょっと給料落としてでも長く働けるような環境に戻りたいって思われる方もいらっしゃいます。	7
18	捉え方の変更	例えば環境を整えたりとか，指示の仕方を変えたりとかすることで，その人が，今まで「出来ない」って思ってたことが，ご自身が「出来る」って思えたっていう時に，超嬉しくなります。	11

5．支援技法4：自立発見→見守る

図3-6は，図3-2の該当部分を概念レベルで示している。

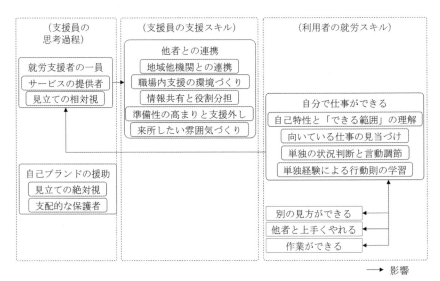

図3-6　自立発見→見守る

　利用者は作業・対人・認知スキルの向上により，〔自己特性と「できる範囲」の理解〕22，〔単独経験による行動則の学習〕23，〔向いている仕事の見当づけ〕24，〔単独の状況判断と言動調節〕25 ができるようになる。支援員は，支援が接客サービスの場でもあることに気づき〔サービスの提供者〕19，自分の見立てを絶対視せず他者の多様な見方や立場を理解するようになる（〔見立ての相対視〕）。

　《就労支援者の一員》意識が，《他者との連携》（〔地域他機関との連携〕・〔職場内支援の環境づくり〕・〔情報共有と役割分担〕・〔準備性の高まりと支援外し〕21・〔来所したい雰囲気づくり〕）を促進する。自立度が低い場合，〔支配的な保護者〕20 として〔見立ての絶対視〕を行うこともある。ここまでのヴァリエーション例を表3-8 に示す。

表3-8　ヴァリエーション例（4）

No	概念名	ヴァリエーション例	協力者
19	サービスの提供者	支援者だって演者だと私は思ってるので。仕事として，どうお客様にサービスを提供するかだけだと私は思ってますから。その，お客さんの前では，やっぱり笑顔でいたいしなあとか。飲食関係でもね，やっぱり笑顔でいるもんだと思ってるので。あくまでもサービスなんですよ，私たちは。	12
20	支配的な保護者	（「上に行く」って，どんな？）こう…先生と生徒，であったりとか。「こうしなさい」であったりとか。ていう言葉じゃないにしても，「私はこういう風なのが良いと思います」っていう言葉は丁寧だとしても，「これにのってこないのであればもう私はできることがありませんよ！」であったりっていう。	17
21	準備性の高まりと支援外し	支援はするんだけど，その，例えば支援計画とかを実行していくのはご本人だし，今後，どこを就職先に選んでとか。で，その後は，働いていくのはやっぱりご本人であって。いつまでも，ずっと先回りして何かこう，やってあげられるわけじゃない。そうなった時に，その人は，私たちがいなければ生きていけないっていう，状況は目指してない。	5
22	自己特性と「できる範囲」の理解	今の自分の状態っていうのを，どれだけ把握できてるかっていうのが，結構ポイントかなっていうのは，色々接してて，思うんですけれども。なんか，それができていれば，会社で働いたとしても，自分ができる範囲の仕事。	1

表3-8　ヴァリエーション例（4）（続き）

No	概念名	ヴァリエーション例	協力者
23	単独経験による行動則の学習	口頭で伝えられることであったりとか，自分自身を振り返ることとか。場面を見て，自分の行動を修正していくっていうことが，できるようになって。彼が持っているケース・スタディのこう，…スキルというか。が，できるっていうことが。	17
24	向いている仕事の見当づけ	仕事したいけど，どういう仕事かわからなくて。でも，こういう仕事だったら自信持ってできるかな，と思えるようになったとか。そういうの言われたた時とか…ですね。	18
25	単独の状況判断と言動調節	ご本人なりに，ものすごく自己コントロールをされている方で。例えば吃音のために，何かこう文章を読む練習をされたりですとか。	9

第4節　考　　察

1．支援を相互作用プロセスとして理解する

　以下，本研究の知見の独自の貢献について論じる。前述した先行研究では，相互作用プロセスに対する知見は得られていない。例えば段階ごとに有効なタスク（例：課題を共有する・判断材料を確保する）を解明したり（稲垣，2012），循環的な側面（見立てに基づく介入だけでなく介入の結果によって見立てを修正する）を提示している（小池・小松，2009）が，利用者の行為によるフィードバックを示す概念は無い。

　対人的相互作用を説明する理論は，人々が相互に相手に対してどのように考え・感じ・行動するかについて説明できなければならない（Newcomb et al.，1965）。つまり，相互作用プロセスであるためには，心理的だけでなく行為的要因も含む必要がある。対照的に本研究は，利用者のスキル発揮（行為）に着目したことで，就労移行支援はカリキュラムやノウハウに基づき一方的に実施されるものではなく，相互作用プロセスであることを明らかにした。結果図では，利用者の行為（不十分なスキル発揮）を見た支援員が，特有の思考過程を経て，支援という行為で反応している。

2．躓きスキル別の支援方略

　利用者に不足している就労スキルのタイプによって，支援員に必要な支援ス
キルも異なっていた（「作業ギャップ発見→教える」・「対人ギャップ発見→付き
添う」・「認知ギャップ発見→気づかせる」・「自立発見→見守る」）。利用者は，
就労のためにこれらすべての（作業・対人・認知・自立）就労スキルを習得し
ている必要がある。支援員は，過去の経歴等に関わらず，これらすべての（や
り方を教える・付き添いながら経験させる・受けつつの技掛け・他者との連携）
支援スキルを習得している必要がある。相互作用プロセスとして理解すること
で，本研究は，「利用者に求められる就労スキルは何か」・「状況ごとに有効な支
援方略は何か」という問いに回答を提示できたと考える。

3．先行研究との異同

　仕事に必要なスキルは，技術的スキル（手法や技巧の熟達）・対人的スキル
（他者と上手く仕事をする）・概念的スキル（部門間関係の総合的把握など）で
構成され（Katz, 1974），この 3 因子構造は幾つかの先行研究で実証されている
（Scullen et al., 2003）。しかし，他者からの支援という（実践では一般的かつ重
要な）視点は未着手である。

　また，技術的・対人的スキルはどの職域でも共通でイメージしやすいが，概
念的スキルについては，実際のデータを分析して職域ごとに定義する必要があ
る。本研究の分析結果は，「別の見方ができる」という要素を示した。さらに，
就労移行特有のスキルとして自立的スキルが追加された。本研究はこれらの点
で先行研究の理論を領域に応じて修正・拡張したと考えられる。

4．就労支援における技術的スキルの重要性

　本研究は，看過されがちな技術的スキルの重要性を提起した。治療や福祉領域
における障害者のスキル発達支援研究では，認知行動療法のようにソーシャル
スキルやコーピングスキル（時間管理・問題解決・緊張緩和・主張など）（例：
Gaus, 2007；伊藤監訳 吉村・荒井訳，2012）の発達を重視し技術的スキルは
対象外とするか，応用行動分析の対象として他の心理的要因とは別個に検討さ
れてきた（Alberto & Troutman, 1999；佐久間ら訳，2004）。

しかし技術的スキルは，対人的スキルに比べ〔自己コントロールの困難さ〕を抱える段階でも習得でき，作業ごとの細かいものではあるが物理・身体的な実感しやすいフィードバックによる自己効力感を通じて他のスキル習得のレディネス形成に重要な働きをするのである。結果図では，技術的スキルの習得は他のスキルより構造が単純で，利用者は反復練習による小さい成功を早期に多く経験できる。それにより「出来ない」意識が「出来る」に変わる（表 3-7〔捉え方の変更〕ヴァリエーション例）と考えられる。

従来は実技訓練と SST（Social Skills Training）が別個に実施されてきたが，上述 4 つの視点（やり方を教える・付き添いながら経験させる・受けつつの技掛け・他者との連携）を取り入れ，現実のタスク（上司の要求）とリンクしたスキル・トレーニングを行うことで，より効果的な就労スキル習得が実現できると考える。

5．実践への示唆

概念のノウハウ的活用　センターの支援力は，各支援員の支援力のバラつきを無くし，全体的に底上げすることで強化できる。個々の支援力は，事例分析や実態整理でなく，異分野の専門職や経験の浅い支援者も使える就労支援ノウハウを提示することで向上する（小池・小松，2009）。これは本研究の示したオリジナル概念を用いる事で可能になる。

支援員の分析ノウハウとしての 8 概念（《個人同士の向かい合い》《他者の心の分析》《自分の心の分析》カテゴリー参照），介入ノウハウとしての 11 概念（《付き添いながら経験させる》《技掛ができない》《受けつつの技掛け》カテゴリー参照）は，支援員の自己アセスメントだけでなく，センター長のスタッフ評価と成長支援を促進するツールとして使用できる。

同様に，利用者の就労スキル（作業・対人・認知・自立計 20 概念）も，下位スキルごとに「できる」から「できない」両方の概念が示されているため，支援員による利用者の就労スキル評価と習得支援のガイドラインとして使用できる。

結果図モデルの活用　結果図は，支援員育成に有用な視点を提示している。ビジネス経験者であっても福祉経験者であっても開始時の優劣は無く，どちら

でも結果図のどこにでも，利用者の状況に応じて入ることができる。ただし経歴にとらわれて意識が「障害のことは福祉経験者の仕事である」「ビジネスは判らないので経験者に任せる」のままだと，利用者はバランスの取れた就労スキル発達ができないことに留意が必要である。対人スキル習得支援には，個人同士の向かい合いという視点が，認知スキル習得支援には，他者だけでなく自分の分析という視点が必要となる。センター長によるスタッフ研修及び本部によるセンター長研修の教材として，自社に応じて概念を修正・追加することも有用である。

6．本研究により得られた知見の範囲

対象とした利用者の年齢が幅広いため，今後は例えばキャリア段階ごとに分析することで追加的な知見が得られるだろう。就労移行支援が対象とする他の障害も分析することで，結果の汎用性が高まるだろう。利用者の就労スキル習得の程度は支援者からの視点（想起）によるため，利用者の就労スキル習得プロセスに直接的に迫るためには新たな分析手法の検討が必要である。

引用文献

Alberto, P. A. & Troutman, A. C. (1999). *Applied Behavior Analysis for Teachers* (5th. Ed.). Upper Saddle River, NJ: Prentice-Hall, Inc.（佐久間徹・谷晋二・大野裕史〔訳〕(2004) はじめての応用行動分析〔日本語版第2版〕．二瓶社.）

新雅子 (2009). 精神障害者の就労支援. 臨床心理学，**9**, 620-626.

Gaus, V. L. (2007). *Cognitive-Behavioral Therapy for Adult Asperger Syndrome*. NY: The Guilford Press.（伊藤絵美〔監訳〕吉村由未・荒井まゆみ〔訳〕(2012) 成人アスペルガー症候群の認知行動療法．星和書店.）

Glaser, B. (1978). *Theoretical Sensitivity: Advances in the Methodology of Grounded Theory*. Mill Valley, CA: The Sociology Press.

Glaser, B. G., & Strauss, A. L. (1967). *The Discovery of Grounded Theory: Strategies for Qualitative Research*. Chicago, IL: Aldine Publishing Company.

浜銀総合研究所 (2009). 就労移行支援事業所における就労支援活動の実態に関する研究報告書．平成21年度障害者保健福祉推進事業.

橋本菊次郎 (2012). 精神障害者の就労支援における精神保健福祉士の消極的態度についての研究（第一報）―就労移行支援事業所の PSW のインタビュー調査から．北星学園大学大学院論集，**3**, 19-38.

稲垣佳代 (2012). 就労移行支援事業所における精神障害者への支援に関する研究. 高知県立大学紀要 社会福祉学部編，**61**, 85-101.

Katz, R. L. (1974). Skills of an effective administrator. *Harvard Business Review*, 52, 90-102.

木下康仁 (1999). グラウンデッド・セオリー・アプローチ―質的実証研究の再生. 弘文堂.

木下康仁 (2003). グラウンデッド・セオリー・アプローチの実践. 弘文堂.

木下康仁 (2007). ライブ講義 M-GTA―実践的質的研究法　修正版グラウンデッド・セオリー・アプローチのすべて. 弘文堂.

木下康仁 (2014). グラウンデッド・セオリー論. 弘文堂.

小池磨美・小松まどか (2009). 精神障害者に対する就労支援過程における当事者のニーズと行動の変化に応じた支援技術の開発に関する研究. 独立行政法人高齢・障害者雇用支援機構障害者職業総合センター調査研究報告書 No. 90.

厚生労働省社会・援護局 (2016). 障害者の就労支援施策の動向について. 全国就労移行支援事業所連絡協議会第5回就労移行支援タウンミーティング報告資料.

厚生労働省職業安定局 (2009). 障害者の一般就労を支える人材の育成のあり方に関する研究会報告書.

厚生労働省職業安定局 (2019). 平成26年度・障害者の職業紹介状況等. 厚生労働省 Press Release.

中野美奈 (2015). 産業領域の「新型うつ」に対する心理援助専門家の介入に関する質的研究. 産業・組織心理学研究, 29, 3-14.

Newcomb, T. N., Turner, R. H., & Converse, P. E. (1965). *Social Psychology: The Study of Human Interaction*. NY: Holt, Rinehart and Winston Inc.（古畑和孝〔訳〕(1973) 社会心理学―人間の相互作用の研究. 岩波書店.）

松為信雄 (2013). 障がい者の雇用に向けた支援者の育成. 日本労働研究雑誌, 639, 54-62.

佐藤郁哉 (2008). 質的データ分析法―原理・方法・実践. 新曜社.

Scullen, S. E., Mount, M. K., & Judge, T. A. (2003). Evidence of the construct validity of developmental ratings of managerial performance. *Journal of Applied Psychology*, 88, 50-66.

Strauss A. & Corbin, J. (1998). *Basics of Qualitative Research: Techniques and Procedures for Developing Grounded Theory* (2nd Ed.). Thousand Oaks, CA: Sage.（操華子・森岡崇〔訳〕(2004) 質的研究の基礎　グラウンデッド・セオリー開発の技法と手順〔第2版〕. 医学書院.）

Strauss A. L. (1987). *Qualitative Analysis for Social Scientists*. New York, NY: Cambridge University Press

四元真弓 (2017). 精神障害者における雇用の現況に関する一考察―発達障害者雇用の手掛かりとして. 鹿児島国際大学大学院学術論集, 9, 21-31.

注) 本章は JSPS 科研費 JP26350303 の助成による論文「就労移行支援員による利用者の就労スキル発達支援過程」（竹下浩・藤田紀勝，教育心理学研究第67巻4号，265-277）を加筆・修正した。

第4章

育成教材の作り方

　本章は，M-GTA にとって不可欠な「現場での応用」を実現する研修開発の事例である。GTA の応用について初めて詳述したのはグレイザーである。彼は，『データ対話型理論の発見』出版から 10 年後，分析結果である GT を「コンサルティングと組み合わせたワークショップ」で用いることの有用性を示した。さらに，提示された GT に含まれる概念を押し付けるのではなく，分析者が参加者に理解しやすい作業的な定義を提供することで，参加者が実際の現場のイメージに合わせて意味のある概念に再定義することを勧めている（Glaser, 1978, 162）。

　国内での取り組み例が，M-GTA モノグラフシリーズ（旧版）1（小嶋・嶌末，2015）である。彼らは，「ホームヘルパーによる利用者エンパワーメント過程」について，2001-2003 年に収集された 10 名のデータの分析結果を 2005 年に論文化した。そして 2007-2012 年の研修で受講者にワークシートを配布，自分流の概念と技法を記入させた資料を基に研究者自身が GT を修正，2013 年に読者が容易に GT を活用できるようにカテゴリーレベルの結果図として発表した。

　新版モノグラフシリーズの 1 冊目となる本書では，複数の GT を用いることで理論の応用範囲を広げることを試みた。「センター支援力の向上」という研修テーマ用に作成した教材が 86 頁以降で，その素材として第 2，3 章の結果図が使用されている。支援力を「支援員とセンターの発達段階」と「躓きタイプ別の支援方略」の側面から理解することで，より効果的な人材育成が可能になる。セッションごとの「プログラムガイド」と「実技訓練シート」で，参加者は結果図を段階的に理解しながら関連する出来事を想起する。これを繰り返す

ことで，現場に戻ってから「どういう状況では何をすればよいか」イメージできるようになるだろう。

　重複と冗長を避けるため，研修で資料として配布した結果図は本章では再掲しなかった。紹介した教材は，午前（第2章）のセッション3と午後（第3章）のセッション2のみだが，読者が自分のGTで研修開発する際の参考とするのには十分と考える。なお，第2，3章の結果図は研修実施後の追加分析も含むため，教材のカテゴリー名等とは必ずしも一致していない。

　第6節では，専門職と実践者によるフィードバックを整理した。これから研修を検討している企業や個人は，参加者や実施方法について，実践的な示唆を得ることができるだろう。第6節では，専門職と実践者によるフィードバックを整理した。これから研修を検討している企業や個人が研修参加担当者や実施方法について，実践的な示唆を得ることができる。

第1節　日程の例

日程表

「センター支援力の向上」研修

日時：201x 年 xx 月 xx 日（xx）　9:30-16:00

場所：XX センター　ミーティングルーム

講師：XX 大学　教授　XX XX

目的:センター長は多忙で責任は重く，業務推進支援ツールが不可欠である。
　　本研修で「スタッフの心理」と「メンバーの就労スキル獲得」を理解・適
　　切に介入できるようになる。

詳細：

午前 9:30- 12:00	1．オリエンテーション 2．「就労移行支援員の考え方や感じ方の変容プロセス」を理解する 　　テキストの解説と質疑応答 3．自己分析スキルを獲得する（セッション1） 4．人づくりスキルを獲得する（セッション2） 5．センターづくりスキルを獲得する（セッション3）
午後 13:00- 16:00	1．「利用者の就労スキル獲得を支援するプロセス」を理解する 　　テキストの解説と質疑応答 2．メンバー成長段階のアセスメント（セッション1） 3．支援スキルの評価（セッション2） 4．利用者の就労スキル獲得メカニズム（セッション3） 5．複雑な現象を単純化する（セッション4） 6．実技照査

配布資料：

1．テキスト（午前・午後，各1部）
2．資料（午前・午後，各1部）
　（筆者注：結果図と概念リスト各2枚を配布した。本章では略す）
3．プログラムガイド（午前・午後，各1部）
4．実技訓練（午前・午後，各1部）

第2節　プログラムガイド（午前）（部分）

プログラムガイド（午前）

センター支援力の向上研修

Improving your center's supporting competence

（実施日）

（講師所属）

（講師名）

セッション3

センターづくりスキルを獲得する

内　容	所要時間目安
メモ	15分
アウトプット	3分×8名（計24分）
振り返り	3分
計	42分

【説明】

　センター長の「やるべき仕事」は無数にあります。皆さんは，スーパーマンのようにそれらをクリアしなければいけません。一人ひとりのスタッフの相談にのったり指導したりするだけではなく，「センター全体の成長」を実現できたら，どんなに素晴らしいでしょう。

　ここでは，センターの発達段階を促進する訓練をします。

【目的】

　1.「センターの発達段階を測定する」スキルを使ってみる

　　※セッション1で使ってみたその他のスキルも，ここであらためて発揮してみることにより強化することができます。ぜひ，挑戦してみて下さい。

【タスク】

　1.　メモを作成する

　2.　指名されたら，自分の言葉で説明する

　3.　他者のアウトプットと比較，自己評価する

第３節　実技訓練シート（午前）（部分）

実技訓練シート（午前）

センター支援力の向上研修

Improving your center's supporting competence

（実施日）

（講師所属）

（講師名）

セッション3 _____

センターづくりスキルを獲得する

内　容	所要時間目安
メモ	15分
アウトプット	5分×5名（計25分）
振り返り	3分
計	43分

1．メモを作成する（15分）※メモにすることで，時間の「尺」が把握できます。

(1)-1.　あなたのセンターにおいて，「双方向の問いかけ」段階にあてはまると思われるスタッフ同士の行動をメモして下さい。

(1)-2.　あなたのセンターで，「双方向の問いかけ」を増やすために，あなたは具体的にどんな働きかけができると思いますか？　思いつくままに，自由にメモして下さい。

(2)-1.　あなたのセンターにおいて，「共感と共同の習慣化」段階にあてはまると思われるスタッフ同士の行動をメモして下さい。

(2)-2.　あなたのセンターで，「共感と共同の習慣化」を増やすために，あなたは具体的にどんな働きかけができると思いますか？　思いつくままに，自由にメモして下さい。

(3)-1.　あなたのセンターにおいて，「相互支援とケア」段階にあてはまると思われるスタッフ同士の行動をメモして下さい。

(3)-2.　あなたのセンターで，「相互支援とケア」を増やすために，あなたは具体的にどんな働きかけができると思いますか？　思いつくままに，自由にメモして下さい。

第4節　プログラムガイド（午後）（部分）

プログラムガイド（午後）

センター支援力の向上研修

Improving your center's supporting competence

（実施日）

（講師所属）

（講師名）

セッション2

支援スキルの評価

内　容	所要時間目安
メモ	15分
アウトプット	3分×8名（計24分）
振り返り	3分
計	42分

【説明】

メンバーを公平に評価することは，彼らの間に心理的な安全感を醸成し，ストレスの多い仕事に動機づけることを可能にします。自分では公平に評価しているつもりでも，見落としの可能性はあります。そこで，「どのような時にどんな動きをしているか」センターの環境を織り込んで作成することで，開かれた人事マネージメントが可能になります。

ここでは，支援員の支援スキルのレベル分けができる訓練をします。

【目的】

1．「観察ややり取りから想起する」スキルを使ってみる

【タスク】

1．メモを作成する

2．指名されたら，自分の言葉で説明する

3．他者のアウトプットと比較，自己評価する

第5節 実技訓練シート（午後）（部分）

実技訓練シート（午後）

センター支援力の向上研修

Improving your center's supporting competence

（実施日）

（講師所属）

（講師名）

セッション2

支援スキルの評価

内　容	所要時間目安
自分を振り返る	15分
計算表	10分
自己プロファイル	10分
集計表	3分
計	38分

1．メモを作成する（15分）

(1)-1.　「やり方を教える」段階にいるスタッフにあてはまる<u>利用者に対する特徴的な働きか</u><u>け</u>を想起し，一言で表現できるネーミングをしましょう。そして，自分の言葉で定義してみましょう。

(1)-2.　このような利用者への働きかけスタイルには，どのようなメリットとデメリットがあると思いますか？　メモしてみましょう。

(2)-1.　「観察と問いかけ」段階にいるスタッフにあてはまる<u>利用者に対する特徴的な働きか</u><u>け</u>を想起し，一言で表現できるネーミングをしましょう。そして，自分の言葉で定義してみましょう。

(2)-2.　このような利用者への働きかけスタイルには，どのようなメリットとデメリットがあると思いますか？　メモしてみましょう。

(3)-1.　「付き添いながら経験させる」段階にいるスタッフにあてはまる<u>利用者に対する特徴</u><u>的な働きかけ</u>を想起し，一言で表現できるネーミングをしましょう。そして，自分の言葉で定義してみましょう。

(3)-2.　このような利用者への働きかけスタイルには，どのようなメリットとデメリットがあると思いますか？　メモしてみましょう。

(4)-1. 「受けつつの技掛け」段階にいるスタッフにあてはまる利用者に対する特徴的な働きかけを想起し，一言で表現できるネーミングをしましょう。そして，自分の言葉で定義してみましょう。

(4)-2. このような利用者への働きかけスタイルには，どのようなメリットとデメリットがあると思いますか？　メモしてみましょう。

(5)-1. 「他者との連携」段階にいるスタッフにあてはまる利用者に対する特徴的な働きかけを想起し，一言で表現できるネーミングをしましょう。そして，自分の言葉で定義してみましょう。

(5)-2. このような利用者への働きかけスタイルには，どのようなメリットとデメリットがあると思いますか？　メモしてみましょう。

第6節　専門職と実践者によるフィードバック

1．他領域の支援専門職

　筆者は就労スキルと M-GTA の研究者なので，精神（発達）障害者の就労支援の豊富な経験を有する専門職のフィードバックが教材開発に不可欠と考えた。そこで，「特別な配慮が必要な訓練生向け職業訓練」の専門職 1 名，「精神障害者の復職支援」の専門職 1 名のスーパーヴァイズを受けた。

　職業訓練指導員経験者（発達障害の可能性がある訓練生への対応が専門領域）からは，「就労目的の指導員経験者としては，若干『福祉寄り』という印象を受けた。『仕事』を意識した利用者の分析（例：「できる事」は何か）に関する概念が不足している。また，外との連携という視点も考えられるのではないか」との指摘を受けたので，それらの観点に沿ってデータを見直し，理論的サンプリングを行った。

　復職支援専門家（精神障害者の復職支援が専門領域）からは，「自分がこれまで行ってきた復職支援の経験に合致している（例：「びしびし鍛えるのでなく，できる事から」）」とのコメントがあった。また両者からは，現場のニーズや研修設計と教材開発についても指導を受けた。

　これらのフィードバックから，「橋渡し期」特有の要素として，「タスク（職務）」や，通常の職場では存在しない「配慮」が含まれることが判ったのは意義がある。また，結果図と教材についておおむね支持が得られたのは，第 2 章と第 3 章の分析で得られた領域密着理論（GT）の妥当性も示していると考える。

2．就労移行支援企業

　そして分析結果をもとに教材を作成し，就労移行支援施設の本社管理職 1 名，教育研究担当役員 1 名のフィードバックを得た。さらに，支援センター長経験者 8 名に研修を実施し，フィードバックを得ることができた。

　本社の管理職からは，「判りやすい。自分も直接拠点を管理しているが，目に浮かぶようだ。特に『1 対 1』（実務の指導）から『1 対 1』（個人同士の向かい合い），そして『多対 1』（就労支援員の一員）への発達という視点は重要

だと思う。事業所レベルの支援スキルにはバラつきがあり，歴史が長いセンターの運営が必ずしも上手く行くという訳ではないからだ」とのコメントがあった。

役員からは，「この内容だと，経験の浅い支援員よりも，むしろセンター長レベルの研修に適していると思う」との指摘があった。

プロトタイプ研修では，「適正人数」（例：「参加者は，当初設計の80人では多いと思う」「参加者全員に深く考えさせるなら，少人数の方が良い」），「課題別研修」（例：センターの雰囲気や支援員のスキル）の必要性等について，助言があった。

さらに，「ベテランでも，忘れていた初期の頃の失敗的な介入を思い返すことができるので，役に立った」「センター長の時に，センターの発達段階を考慮せずに同一水準の目標を要求したことが改めて判り，改めて反省した」「自分は3年目だが当社ではすでに古株扱いで，『教える』ことが求められる。一方で自分自身の支援スキルの得意／苦手を振り返る機会も無いし，誰かにフィードバックをもらうこともできない。この図があれば，一人で見て考えたり自己チェックしたりできる」「新人OJTに組み込んだり，仕事しやすいオペレーションづくりに使える」等のコメントがあった。

これらは本書を読んだ現場の支援員あるいは本社の研修担当者が，自社の研修教材として活用する場合に参考となり，分析結果の応用範囲を広げることができたと考える。

3．今後の課題

本章では，結果図を基に参加者に考えてもらい，妥当性の検証や修正を行うための教材例を紹介した。今後は，結果図の枠組みの中で，「このような場合は，こうすることで状況をこう変化させることができる」という事例集の作成が課題である。『死のアウェアネス』は，コア・カテゴリーの説明（第Ⅱ部）だけでなく，家族・医師・看護師の認識変化などさまざまな問題における対処方法（第Ⅲ部）を含んでいる。例えば，配慮が必要な訓練生向け職業訓練指導員の豊富な事例を本書の理論で再構築するなどの試みが有用であろう。

引用文献

Glaser, B. G. (1978). *Theoretical Sensitivity*. Mill Valley, CA: The Sociology Press.

小嶋章吾・嶌末憲子 (2015). M-GTA による生活場面面接研究の応用―実践・研究・教育をつなぐ理論. ハーベスト社.

◼ コラム2

視覚障害者の就労

1．視覚障害

　視覚障害者は，身体障害者のうち約9％（約30万人）を占めている。国立障害者リハビリテーションセンターによれば，視力や視野に障害があり，生活に支障を来している状態を視覚障害という。眼の機能は，視力，視野，色覚などがあり，身体障害者福祉法による視覚障害は，視機能のうちの矯正視力，視野の程度により1級から6級に区分される。眼鏡をつけても一定以上の視力が出ない，視野が狭くなり人や物にぶつかるなどの状態である。

　見え方には，全盲・弱視・ロービジョンなどいろいろな表現がある。全盲とロービジョンの定義は必ずしも確定していないが，全盲とは視機能をほぼ使えない状態，ロービジョンとは視覚情報をある程度使える状態と言える（視覚障害者の多くを占める）。他障害と比べた特徴は，生得的だけではなく，疾病や事故による「中途」障害者が多いことである。先天盲や，学齢期から青年期に視覚障害になった障害者は主に点字を使用している。

2．就労支援機器

拡大読書器（ズーム式のカメラで書類を写し，モニター画面に拡大表示する装置）

画面読み上げソフト（パソコンの画面情報を音声で読み上げるソフトウェア）

点字ディスプレイ（画面の情報やテキストデータを点字で表示する機器）

画面拡大ソフト（パソコン画面を拡大表示するソフトウェア。色の反転等も可能）

3．環境改善

レイアウト（座席を部屋の入り口付近にする，通路に物を置かないなど）

点字表示（エレベーターのボタンや階段の手すりなど）

4．制度利用の例

ジョブコーチ（事業所に出向き，作業力向上や環境改善の助言を行う）

職場介助者（重度の場合，読み上げや文書確認など助成金を活用できる場合
　　がある）

地域の障害者職業センターは，ハローワークなど関係機関と連携，職業リハ
ビリテーションサービスを提供している。

5．従事する業務

総務・人事系（受付・電話応対，応募者データ管理・連絡，勤務時間管理，
　　研修準備など）

ヘルスキーパー（マッサージ，カルテ管理，受付，ベッドメイクなど）

コンサル系（障害者に優しい窓口やウェブサイト設計のコンサルティングな
　　ど）

三療（伝統的なあんま，はり，きゅう）

（高齢・障害・求職者雇用支援機構『障害者雇用マニュアル コミック版1
　　視覚障害者と働く―理解と配慮で，ともに働く環境づくり』を参考に作成）

第5章

職場で就労スキルをどう開発するか

　第2章と第3章では，実務面の制約により利用者側にインタビューすることが叶わなかった。そこで本章では，上司と本人の相互作用を分析焦点者とした。これにより，本来の分析テーマに加えて，片側だけの分析とどのように異なる知見が得られるか解明できると考えた。

第1節　問題の所在と研究目的

1．視覚障害者向け職域の有効性減少

　就職している視覚障害者の4割が自営業（3割が「按摩・マッサージ・鍼灸」）であり，キャリアの選択が他の障害者と比べて限られる（白井，2009）問題が指摘されている。これまで日本の視覚障害者は，上述の伝統的「三療業」（あんま・鍼・灸）に加え，1960年代以降は職域を拡大してきた。これには，電話交換手・録音タイプ速記・プログラマー・ピアノ調律師が含まれる。

　しかし，1990年代以降は三療業における晴眼者の増加，ダイヤルインの普及，プログラミングにおける視覚的操作化，電子ピアノ普及により，既存職域における視覚障害者の優位性が喪失しつつある（高齢・障害・求職者雇用支援機構，2006）。さらに，この視覚障害特有の職域拡大や新職業（有利な職種を開発して訓練する）という考えでは社会変化や技術革新に適応できないという指摘もある（手塚，1990）。手塚によれば，他の障害と異なり企業ニーズに合った教育・訓練の開発がなされていないことが最大の問題なのである。

問題：
1. 視覚障害者向け「職域」における有効性の減少
　　伝統的職域＝「三療業（あんま・鍼・灸）」
　　1960年代以降拡大（電話交換・録音タイプ速記・プログラマー・ピアノ調律）
　　1990年代以降、三療業における晴眼者の増加、技術革新等により職域喪失
2. 事務系職種への期待と課題
　　同時期にパソコンと周辺機器が発達。現場での「できる仕事」拡大が課題

先行研究：
1. 視覚障害児の発達研究
　　概念的スキル（空間概念の理解・他者との相互作用による概念生成）
　　対人的スキル（対人消極性・易怒性傾向・自己中心的考え方など）
　　しかし、「職場・仕事」領域での研究は無い
2. スキル接近法
　　スキルは能力と違い、性格や遺伝、障害に関わらず誰でも訓練で上達できる
3. 障害者の就労移行支援研究
　　視覚障害者については調査報告か事例研究のみ

⇨　そこで本章では、事務系職種における視覚障害者の就労スキル獲得と上司の支
　　援プロセスを解明する。
　　これから働く当事者や、初めて迎え入れる上司が状況を上手にコントロールで
　　きる見取り図を提供するのが目的。

図 5-1　問題の所在と研究目的

2．事務系職種への期待と課題

　近年，パソコンと周辺機器の発達により，以前では不可能とされていた「事務系職種」での視覚障害者採用が期待されている。しかし，企業の現場では視覚障害者にどのような職務を割り当てられるか判らないため，彼らの採用や活用は進んでいない（吉田，1997）。

　一方で企業は，学生が社会的スキルや概念的スキルを身に付けるよう求めている（日本経済団体連合会，2018）。特に事務職では，他者とのコミュニケーションや自己統制（社会的スキル），部門間関係性の理解（概念的スキル）が必要となる（Crudden, 2012; Cavenaugh & Giesen, 2012）。では，視覚障害者に必要な就労スキル開発は，どこまで研究されているのだろうか。

3．先行研究のギャップ

　発達研究においては，晴眼児の水準を視覚障害児の発達的規範とするのは誤りであり，目標は視覚障害児が可能な最高水準に達することができる環境を整備することである（Warren, 1984）とされている。この前提を踏まえた上で，

Warren は晴眼児との違いについて先行研究を網羅的にレビューし，解明されてきた点を整理している。認知発達では「空間概念の理解」や「世界の特性理解」，パーソナリティでは「攻撃性」や「消極性」，発達に影響する要因としては寄宿生盲学校と統合教育実施校との違いがある。最近の研究でも，視覚による環境観察や移動による他者との相互作用を通じて概念を生成できない（Olayi & Ewa, 2014）という概念的スキル面，視覚は社会的行動の初期的発達に影響するという対人的スキル面（Zebehazy & Smith, 2011）の制約が指摘されている。

　社会的スキルについては，運動スキルと同様練習を重ねることで上達することが明らかにされている（相川，2009）。つまり，スキル開発の立場では，スキルは性格や遺伝，障害特性により影響されず，誰でも練習することで上達することになる。視覚障害で言えば，養・教育環境により少なかった個人でも，社会的スキルや概念的スキルの練習機会を増やすことで，スキル習得が可能になると考えられる。

　障害種別では，精神障害者（含む発達障害者）の就労スキル獲得と支援プロセスについては幾つか先行研究があるが（例：竹下・藤田，2019a; 2019b），視覚障害者については一事例分析（白井，2009）を除くと現状は実態調査がほとんどである。そこで本章では，質的分析により就労スキルの獲得と支援のプロセスを解明する。

第2節　方　　法

　M-GTA では，初心者が緻密に手堅く分析できるように，分析焦点者を設定する。本章で言えば，分析焦点者を当事者（あるいは上司）に絞った方がデータの解釈はしやすい。生成する概念がその人間の認識や感情や行為と，それらに影響を与える要因の範囲に収まるからである。つまり，データを解釈する時に「その人間にとってどういう意味になるのか」考えるわけである。

　その一方，分析者が習熟すれば，「人（焦点者）」ではなく「社会的相互作用自体」を分析の焦点とすることも可能であるとしている（木下，2003, 139; 2007, 159）。場としての相互作用を分析すると聞いて，容易にイメージできる

のは，参与観察を行うことである。しかし，それでは前述したM-GTAの方法論的限定（インタビューによるデータ収集）にそぐわない。

　そこで本章では，M-GTAとしての研究方法を維持したままで相互作用を分析するために，相互作用の当事者である支援者と被支援者からデータを収集，並行して分析することにした。これにより，相手に判る行為と，伝えなければ判らない（あるいは伝えられない）思考と感情の特有な相互関係が解明できると考えた。分析に際して行った工夫は次節で述べる。

1．方法の選択
　第2章に同じ。

2．対象とデータ収集方法
　調査協力者　2018年11-12月，勤務経験2年以上の視覚障害者7名と上司10名（8社）からデータを収集した（表5-1）。上司のうち3名は障害者であった。

　調査の手続き　「働くスキル形成と周囲の支援」について，本人向けと上司向けにガイドラインを準備し，個別に1時間程度の半構造化面接を実施した。上司のうち4名は，短い面接の録音と，録音無しの面接メモでデータを収集した。録音時間は，合計で12時間26分20秒であった。フルに面接した13名の平均時間は53分であった。筆者が逐語記録を作成した（A4用紙442枚）。

　インタビュー・ガイドラインの主な項目は，「仕事に必要なスキルは何ですか」「入社時と今で変わりましたか」「周囲からどのような支援をもらいましたか」（本人），「本人の仕事に必要なスキルは何ですか」「入社時と今で変わりましたか」「どのようなサポートをしましたか」（上司）であった。

　倫理的配慮として，インタビュー開始時に本研究の目的・個人情報保護・録音許可・面接中断の権利・研究発表の許可について資料を提示して説明，同意を得た。筆者が所属する機関の研究倫理審査委員会の承認を得た。

3．分析の手続き
　分析テーマの設定　分析テーマは「視覚障害者の就労スキル獲得及び上司の

表 5-1　協力者の属性

番号	業種	特例子会社	職務	立場	年数	見え方	備考
1	サービス	○	健康支援	本人	9	弱視	
2	サービス	○	社員支援	上司			
3	食料品		労務管理	本人	7	全盲	
4	食料品		人事	上司			
5	食料品		人事	上司			
6	団体		人事健康	上司			
7	団体		人事	上司			
8	化学		企画推進	本人	2	弱視	
9	化学		人材開発	上司			
10	化学		人材開発	上司			
11	サービス	○	コンサルティング	本人	1	全盲	前職 15 年
12	サービス	○	コンサルティング	上司			
13	情報通信		研究開発	本人	4	全盲	
14	情報通信		研究所	上司			
15	サービス	○	コンサルティング	本人	7	全盲	
16	サービス	○	コンサルティング	上司			
17	卸売		人材開発	本人	1	全盲	前職 8 年

支援プロセス」と決定した。

　分析焦点者の設定　分析焦点者は「事務系職種で働く視覚障害者とその上司」とした。以下，逐語記録の作成・分析ワークシートの作成・理論的メモ・ノートは，第2章に同じである。

　継続的比較分析（通常の M-GTA と異なる点）　上司と部下の概念及びカテゴリーは個別に作成し，結果図レベルで統合した。つまり，上司のワークシートには，複数の上司の語りから得られたヴァリエーションが採用され，部下の語りとは混在しない。

　研究手法論から言えば，片方（例えば上司）から得られたヴァリエーション

をもう片方（部下）の発言で裏付けるという目的でのトライアンギュレーションは，行っていない。対人的相互作用においては，役割の異なる相手の内面の思考や感情は見えない構造となっているので，相手の語りで裏付ける意味が無いためである。

　分析の過程で，部下のカテゴリー（就労スキルの発達）に上司のサブ・カテゴリー（強みの発揮）を組み込んだ。これらは外から見える「行為」に関するカテゴリーであったため，統合が可能になった。発揮された就労スキルを見つける視点が部下と上司では異なる（そこに意味がある）ので，トライアンギュレーション的な用い方とは異なる。

　理論的飽和化の判断　結果図は複数回，非連続的に変容した（筆者はこれで理論的コーディングが行われたか確認している）。当初は，同心円構造で示されるスキルの発達を，左右から本人と上司の心理的要素が影響する形状だった（一時保存された結果図の 1-5 枚目）。次に，本人と上司のカテゴリーが並行する 3 層構造（タスク期待形成・必要スキル査定・歩調合わせ）（6-8 枚目）になった。さらに，相互作用の循環構造に変容した（9-12 枚目）。これらのカテゴリー間関係は，分析ワークシートの 4 例（類似例，対極例，原因例，結果例）で支持されるかどうか，その都度確認された。やがて，新たな概念やカテゴリー間関係が発生しなくなったため，理論的飽和に達したと判断した。

第3節　結　　果

　分析の結果，6 つのカテゴリー，13 のサブ・カテゴリー，35 の概念が生成された。以下，カテゴリーレベルの結果図を示す（図 5-2）。

　視覚障害者の就労スキル獲得と上司の支援プロセスは，3 つのプロセスで構成されていた。

　第 1 のプロセスは，「部下の就労スキル発達プロセス」である（図 5-3）。このプロセスはタスク割当で発生する循環的なプロセスである。まず上司が本人に新しいタスクを割り当てると，本人は視覚障害による困難さを自覚しながらスキルを発揮する（1）。タスクとは，例えば各部門からメールで送られてくる残業時間を部門間比較表にまとめることであり，一人で完結して成就できる仕

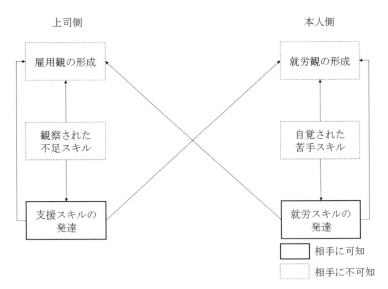

図 5-2　視覚障害者の就労スキル獲得と上司の支援プロセス

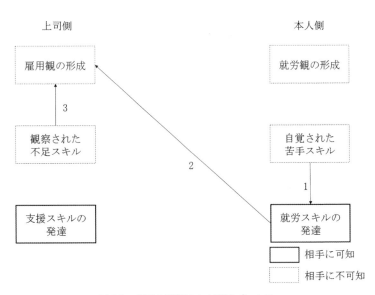

図 5-3　部下の就労スキル発達プロセス

事である。そして，あるタスクを遂行するためにはさまざまなスキルを発揮することが必要となる。例えば，エクセル操作，関係者との円滑な意思疎通，期限の逆算や段取りである。上司は，本人が発揮したスキル（2）と過去観察した不足スキル（3）とを比べ，パフォーマンスが要求された水準を満たしていればタスクは維持される。改善されないと，上司はタスクを削減する。就労スキル発揮は，積極的な雇用観をもたらす。

　第1プロセスから場合によって派生するのが第2プロセス（「上司の支援スキル発達プロセス」）である（図5-4）。上司は，本人に不足しているスキルを観察することで，それを補う支援スキルの発達に動機づけられる（1）。それにより上司が支援スキルを発揮すると，本人はその分だけ苦手意識を減らすことができ（2，3），積極的な就労観につながる。

　以上2つのプロセスの結果が，第3プロセス（「上司の雇用観と部下の就労観の変容プロセス」）である（図5-5）。雇用観は「障害者を部下として使うこと」，就労観は「障害のある社員として働くこと」に対する考え方である。部下は，苦手なスキルが減ることで（1）割り当てられるタスクが増え，就労力が

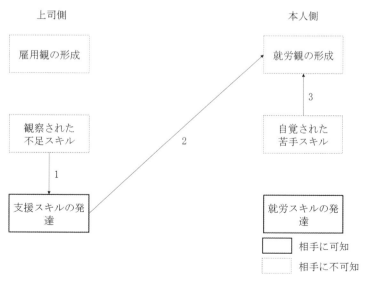

図5-4　上司の支援スキル発達プロセス

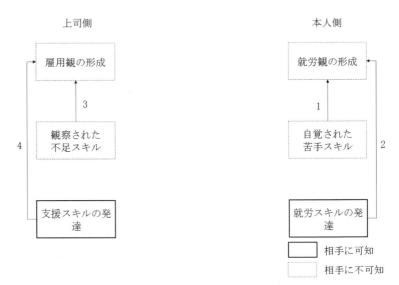

図5-5　上司の雇用観と部下の就労観の変容プロセス

発達する（２）ことでポジティブな就労観になる。これはメンタル悪化やドロップアウトを防止し，組織的成果に必要な能力開発を可能にする。上司は，部下の不足スキルが減ることで（３）割り当てるタスクが増え，自分の支援力が発達する（４）ことでポジティブな雇用観になる。障害のある部下のタスクを試行錯誤して増やし，新たな採用に積極的になる。

　以下，カテゴリーごとに説明する。実際の職場における上司・部下の関係上，自分に関する相手の発言が特定されては職場の人間関係に影響するため，発言例では個人が特定されないように適宜言い換えた。また，冗長にならないよう，解釈に影響しない口癖等は省略した。

1．当事者が知覚した苦手スキル

　事務系職種で働く視覚障害者は，概念的スキルと技術的スキルが苦手であると感じていた（図５６）。以下の各節では、まずカテゴリー内のサブ・カテゴリー及び概念を図示してから説明していく。

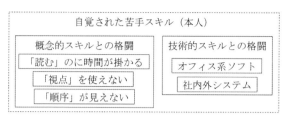

図5-6　当事者が知覚した苦手スキル

1-1. 概念的スキルとの格闘

本人は,「読む」のに時間がかかり,「視点」を使えず,「順序」を見ることができない。

〈「読む」のに時間が掛かる：パッと見ての発言ができない〉苦手なことは…。やっぱり,パッと何かを見て,認識して,それについて発言するとかっていうのが,凄く難しいというか,出来ないので。事前に資料を頂いたりとかしていないと,なかなか発言できず,静かな人だなって思われちゃうし（笑）。(部下 J)

〈「視点」を使えない：「大きな視点」で考えるのは苦手〉物事の本質を見極めるみたいなところが,足りてなかった。業務のポイントを見た時に,どうしてもミクロの視点で物事を見がちだった。「それって結局,どういうこと？」みたいな。本質のマクロ部分をしっかり考えるように言われるんですけど。なかなか自分の中でそれが身に付かないというか。どうしても「大きな視点で」っていうところに苦手意識もあって…。(部下 R)

〈「順序」が見えない：段取りを覚えられない〉段取りとかがすごい苦手なので。(略)いついつまでに案内を発送しないと,いついつの日程,どうだからとか,逆算が。(略)できないけどダメだなと思ってるので,それこそ課題かなとは思うんですけど。基本的に苦手ですね。もう,料理作る時とか（笑）。全く覚えれないんですよ。これ前作ったなって料理も,レシピ無いと。どうだったっけ？　ってなるんですよ。(部下 C)

他には,「紙を読む時間が掛かる」(〈「読む」のに時間が掛かる〉),「『判りやすい図』を見たことが無い」(〈「視点」を使えない〉),「時間管理ができない」(〈「順序」が見えない〉)という語りがあった。

1-2. 技術的スキルとの格闘

オフィス系ソフトと社内外システムには，視覚障害特有の使い辛さがあった。

〈オフィス系ソフト：知らない間に体裁が崩れる（ワード）〉<u>ワードの表って，結</u><u>合されると判らないところがあったり</u>。ぞんざいに扱ってるとセル増えちゃったりとか。ま，あれは今，JAWS が「最後のセルだ」って言うようになりましたけども。知らない間に体裁崩すってことが。<u>一文字変えたらなんか凄いことになってるとか</u>っていうことが，あり得るので。（部下 K）

〈パソコン操作 4 ：入力位置が判らない（経費処理システム）〉大変だったのは，給与控除のシステムに入力したりとかっていう。社内施設で使っている備品だったり，こちらから発注を掛けているので，それは社内システム上に入力するんですけれども。それが，<u>どこに何を記入する</u>だったり，個数だったりとかっていうのが。（拡大機能を使って特定個所を）<u>大っきくしてやっているもので</u>（全体の中での位置がつかめない）。（部下 J ）

他には，「数字の見分けが大変（エクセル）」（〈オフィス系ソフト〉），「図解的表現が出来ない（パワーポイント）」（〈同〉），「いきなり音声が出なくなる（ウェブ検索）」（〈社内外システム〉）の語りがあった。

2．上司が観察した不足スキル

上司は，当事者の対人的スキルと概念的スキルが不足していると感じていた（図 5-7）。なおここでは，語りの匿名性を確保するため，適宜「彼／彼女」ではなく，「本人」とするなど修正した。

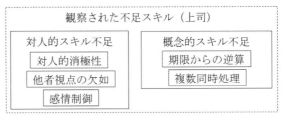

図 5-7　上司が観察した不足スキル

2-1. 対人的スキル不足

上司は，当事者の対人的消極性・他者視点の欠如・感情制御の弱さを観察していた。

〈対人的消極性：コミュニケーションが苦手〉他の部署なのですが，そこで周囲に受け入れられなかったんですね。他者とのコミュニケーションが困難で，それが原因でいじめみたいなこともあってメンタルになってしまい，うちの部署に異動しました。（略）来訪者が来て担当不在だった場合でも，伝言を残すということができないんです。例えば，<u>来訪者の所属とか名前を訊く</u>とかですね。本人，する気が無いんです。（上司Ｇ）

〈他者視点の欠如：特別扱いの甘え〉周り（自分と同じ障害者）を見てると「自分も頑張らなくちゃ」と思うのかもしれない。「ここまで出来る人がいる。追いつかなくちゃ」という。で，（晴眼者の中に一人だけ）ポツンといると，それが判らないんだろうと。要は，自分で満足しちゃって<u>「これ以上出来ません」</u>って。自分でブレーキ掛けてるような（他社の）話も聞くので。そこがまあ，半分，甘えの部分に入って…領域に入ってきそうな感じがするんですけど。（上司Ｐ）

他の例では，ヘルスキーパーの語りで，「全盲でも特別扱いせず，周り（当事者）が『こうすれば出来るんじゃない？』とああだこうだ言う」というのがあった。これらは，会社に入ってからの環境要因（「やらせてみる」「これ出来る？」という雰囲気づくり）の重要性を示している。

2-2. 概念的スキル不足

上司は，当事者が期限に従って仕事を組織することと，複数タスクの同時処理が弱いことを観察していた。

〈期限からの逆算：段取りが下手〉先週の木曜日なんですけど，「今日中に取引先にメールを入れて，進捗を確認しておくように」と指示しました。それにも関わらず，今日（火曜）まで，何も連絡していないんです。次の日の金曜日は私が不在でしたので，昨日（月曜）になって，「どうなってるの？」と訊いて，やっと確認しました。そうしたら相手が不在だったんです。なので「今日朝一でやっておくようにね」と言って，本人も「判りました」と言っていたのに，今朝になって様子を見ていると，９時になっても９時半になっても，動かないんです…。プロなら，２時

間あれば仕上がる仕事です。特に，日にちを跨ぐタスクが，苦手なようです。（上司Ｇ）

〈複数同時処理：箇条書きの習慣化〉忘れっぽいんですよ，なぜか。忘れっぽいというか，覚えるっていう…のが，どうなんだろう。「自分でメモをしろ」と。なので，点字で，帰る時にやることを箇条書きにさせて。帰る時に，ちゃんと指でなぞって，それを見て思い出せと。その点字を読んで思い出せって言って，今やらせてますけど。結局はその，僕たちって，視覚的情報があって，電気が点いてるなあ，電気消さなきゃっていうのが判るんだけど，本人は，なんかちょっと明るいなぐらい…でしかないので。電気が点いてる／点いてないまでの判断なんか，そもそもできません。だから，その点字のメモで，電気をちゃんと消そうとか。そういう，箇条書きとか，させてますけど。スイッチの位置は教えてますよ。「ここにあるよ」ってことはあらかじめ伝えた上でですね。（上司Ｂ）

3．当事者の就労スキル発達

　周囲の支援を獲得できる方略を会得し，自らも態度を変容しつつ，固有の強みを発揮することにより，当事者は就労スキルを全体的に強化することができる（図5-8）。

3-1.支援獲得方略

　この方略は，[他者からのサービス][他者へのサービス]で構成される。[他者からのサービス]は〈タスクの委託〉と〈日常・一時的〉サービスがある。[他者へのサービス]は〈タスクの引受〉と〈関係の潤滑油〉がある。

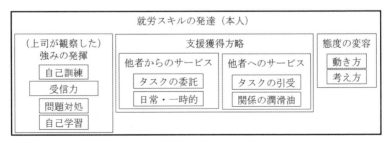

図5-8　当事者の就労スキル発達

　〈タスクの委託：手順リストで依頼する〉一連のタスクを書き出して，それを「チェックリスト」として毎日使ってたんですね。「ここまで終わったら，担当者の名前を書いていく」っていうのを。で，全部に名前が入れば，全ての作業完了ですよっていう。で，「ここまで僕，出来るところはやったので，ここから先，すいませんが，お願いします」っていう分担の仕方をして。（略）自分が「出来ないところ」で手伝ってもらったり。（部下 R）

　他には，「作図は他者に依頼する」（〈タスクの委託〉），「フリーズ画面を見てもらう」・「書類読みと押印をしてもらう」（〈日常・一時的〉）という語りがあった。

　〈関係の潤滑油：社交的な自分の演出〉私が最も大事にしてるのは，職場の人との人間関係だと思ってて。円滑にしてれば，助けてくれます。逆に円滑にしてなかったら，孤立して。もう全く，ダメになるので。だから自分の身を守るという（笑）。あと特定の人と仲良くなるのでなくて，広く。困ったら助けてもらう。その助けてもらう先がなるべく分散できるように。（略）飲み会には全部出てます。（略）例えばお昼休みとか，みんなが休んでいる時になんかこう「わー」って盛り上がって，雑誌コーナーとかであったら，顔出して「何してるんすかー」「ちょっと僕にも教えて下さいよー」って感じで。「自分は見えないから，教えて下さいよ」って。そういうとこの自分の障害は最大限に利用して，入口を作って。挨拶はもう必ず自分から。ひとの音が，足音が聞こえたら挨拶するようにしてて。2，3回同じ人に挨拶することもありますけど。（部下 N）

　他には，「部下の仕事の肩代わり」・「上司の仕事の肩代わり」（〈タスクの引受〉），「議事録ボランティア」（〈関係の潤滑油〉）がある。

3-2. 態度変容

　これには，〈動き方〉と〈考え方〉の 2 種類がある。

　〈動き方：点字端末で内線をメモする〉人事の売り込みは「不在」とか，どんどん断ってるんですけど。クレームとかは，お客様だと「すぐ繋いで」って言われてる部署があるので。できるだけ，そこに繋いだりとか，あと，できるだけ速く繋げるように，内線番号表とか書いて。簡単な，内線番号とかは（ブレイル）センス（携帯点字端末）にメモしたりとかして。「エクセルで開いて，そこ探して」って，凄い時間を取るので。（部下 C）

　これらの他には，「過去の資料を読んで覚える」・「不十分でもやった後で教わる」（〈動き方〉），「速度より正確性と割り切る」・「できる方法を考えてみる」（〈考え方〉）という語りがあった。

3-3. 強みの発揮

　上司が目にした本人の頑張りには，①〈自己訓練〉（高い PC 処理能力，同僚の座席と日程把握），②〈受信力〉（聴き方上手，関係理解による電話取り），③〈問題対処〉（課題把握，問題解決），④〈自己学習〉（熟練当事者探しと師事，過去成果物の読み込み）がある。これを見ると，一つの就労スキルが，基本スキル（技術的・対人的・概念的）の組み合わせであることが判る。そして上司たちは，これらは障害に関わりなく，本人の特性や努力によるものであると考えている。

　〈自己訓練：高い PC 処理能力〉システムでアクセシビリティの診断をしてたりしますんで。ホームページだとか。ポイントの飲み込みも含めて，そこは優秀で。技術的にもう講師もやってますから，ブラインドでパソコン打つのも。（略）弊社の中でやってるメンバーとしては，普通にメールも遅くなく。議事録も直ぐ打ちますから。（上司 P）

　〈受信力：聴き方上手〉場の雰囲気を読んだりとか，非常に得意ですね。仕事をやる上でも，「どこまでやるか」っていうレベルなんかも。周りとの状況だったり置かれてる環境の変化を感じながらっていうセンスも，持ってますね。私が「こういう事で，今これ位」っていう風に説明した時に，腹落ちのスピードだとか納得度ってのは高いです。（上司 D）

4．上司の支援スキル発達

個別に助言したり，環境を改善することを通じて，上司は支援スキルを発達

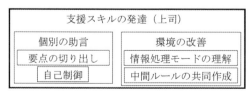

図 5-9　上司の支援スキル発達

させていく（図5-9）。

4-1. 個別の助言

これには，〈要点の切り出し〉と〈自己制御〉がある。

　〈要点の切り出し：端的にものを言う〉僕は良く，「端的にモノを言うように」って本人には何度となく言う。思ったことを頭の中でズラズラずらずら話をしても，聞く側の人は，「要は，あなたは何が言いたいんですか？」っていうことで。相手が聞きたいことをやっぱり，きちんと要約して話が出来るように。（上司L）

　この他には，〈くどくない文章を書く〉〈結論から相手に伝える〉があった。これは，上司と本人とでコミュニケーションの方式が違うためである。本人はずっと「ストリング情報」（時間の流れに沿って伝達される，紐のような情報伝達方式。後戻りや飛ばし読み，アンダーラインができない）で情報をやり取りしている（鳥居，1993）ので，大事なことを伝える場合，言語や文章量は増加する。

　一方の上司や顧客は，「ビジュアル情報」（例えば文章中の図式や表）」に慣れている。片づけたい仕事は無限で時間は有限なので，「一目で判る」ことは快感なのである。だが，上司たちは決して無理難題を押し付けているのではないことを理解する必要がある。そして本人達も，訓練することでクリアしている。

　〈自己制御：何に困っているか明確化する〉凄く優秀，普通の人よりも非常に優秀な分，できない部分が目立ってくるんで。何に困っているのかが判らなかったり。あと，今は，私は，相当理解がある上司だとは思うんですが。ずっと私がいるわけではなく，もっと厳しい人も来るはずで。そうなった時に，ちゃんと自分が「出来ること／出来ないこと」を，ちゃんと言って，自分で道を切り開いていかないといけないので。（上司H）

　聴き取りメモには，「どこまで困ってるか上司は把握できない」「日々のどういう手順で視覚の要素が入っているか，我々には判らない。これが研究者にして欲しい事」との記載があった。他には，〈仕事で成長したいと考える〉〈独り立ちしてPDCA（Plan, Do, Check, Action のサイクル）を回す〉があった。

4-2. 環境の改善

これには，〈情報処理モードの理解〉と〈中間ルールの共同作成〉がある。

　〈情報処理モードの理解：パワポの読み上げ順〉パワーポイントもちゃんとした（読み上げ）順番に整理するように，してるんですけど。そうはいっても（自分のように）外部から来ている者は，全くその読み上げ順番が判ってないので。そういうことは理解しつつ説明は聞きつつ，ついついポンって送って「来たの見た？」って（笑）。読み上げで読むと，「全然読み上げ順番メチャクチャなんですけど」。「あ，そうだよな…」って。「全然判んない？」って言ったら，「うん。全然判りませーん」「ああ…」っていう。じゃあ順番変えるとか，内容を口頭で説明したりとかっていう。（上司Ｐ）

　〈中間ルールの共同作成：誤字脱字許容範囲の制定〉視覚，特に全盲の方と私達が同じ文章を同じ形で読み取れるツールというものが作れないかっていう動きに，動いてったんですね。（略）ワードの中で初期設定することで，例えばインデントを入れないようにするとか。とは言いながら，見た時に，印刷をした時に，晴眼の人も，「これ，いかにも，その…視覚障害者の方が作った」とか，「視覚障害者向けに作った」という資料ではなくて。通常共有している資料のものに整えていくってことが，ゴールだったものですから。（上司Ｌ）

他には，表を読むのに時間が掛かる（〈情報処理モードの理解〉），メールの事前送付（〈中間ルールの共同作成〉）があった。

５．本人の就労観形成（障害者として働くこと）

　本人にとって「視覚障害者として働くこと」は，就労の評価・判断基準を形成することとストレスに対処することで構成されていた（図5-10）。

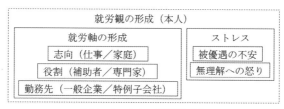

図5-10　本人の就労観形成

5-1. 就労軸の形成

　就労の評価・判断基準は，志向（仕事／家庭），役割（補助者／専門家），勤務先（一般企業／特例子会社）で構成されていた。

　〈志向（仕事／家庭）1：家庭生活への重点移行〉今まで納得がいかなくって，「なんで？」って思ってたようなことも。仕事の進め方，会社の制度だったりとかいうので「なんで？」みたいな。「なんでそんな決定したの？」みたいな（笑）ことに，すごい「なんで」って思ってたことも，なんとなく，受け入れられるようになってるというか。自分が今，仕事だけじゃなくなってるっていうのも，もしかしたらあるのかもしれないんですけど。自分の生活がすごくメインになっていて，で仕事もあって，みたいな感じで凄くバランスが良くなったのかな。（部下A）

　〈志向（仕事／家庭）2：晴眼者基準の当然視〉「別にこうやって求められる事とかスキルって，普通の人たちの，社会の働いている人たちと，変わらない感覚になって来るよね」って。障害，あろうが無かろうがやっぱり，やんなきゃいけないですよね。さっきのマネージメントの問題とか。ああいうのが，結局出来るか出来ないかっていうところが，効率的な仕事が出来るか出来ないかっていうところに関わってきたりするので。ま，障害特性で出来ないことっていうのは厳然として物理的なものはあるんですけれども。（部下K）

　補助者としての役割認識は，「ちょっとずつ仕事を頂いているような感じです」（部下A）で示される。対照的なのが，社内専門家である。「法律的な知識をつけると強みになるので，労務の社内専門家になりたい」（部下R）と考えている。

5-2. ストレス

　本人達は，2つの〈ストレス〉要因（〈被優遇の不安〉と〈無理解への怒り〉）を抱えている。1つ目が〈被優遇の不安〉である。これは，「単純業務のリストラ」（事務効率化で自分の所属する人事・総務部の仕事が効率化され，自分の業務はいらないと言われるかもしれない。そのために自分で仕事を作り出さなくてはいけない，でもできない）（部下A）と「一般企業の要求水準」（今は特例子会社で自分のスキルは評価されているが，将来一般企業に勤務した場合，要求される水準はこんなものではないだろうと不安を感じている）（部下Q）で構成される。概念〈無理解への怒り〉の発言例は，「晴眼者基準への苛立ち」と

「裏で貼られるレッテル」である。

> 〈無理解への怒り：晴眼者基準への苛立ち〉僕が会社に一番腹が立つのは，<u>晴眼者のやり方が正しくて僕のやり方が間違ってるって，この切り口で持って来られるのが納得いかないわけ</u>。僕は障害者向けにやってて。僕が担当者でやってるんだから，そんな，「フォントのちっちゃい」とかで。全く読みにくいものを持ってきてるわけじゃなくて（ないのに）。「行間も詰めて」とか。（部下Ｎ）

　能力も高く前向きに頑張ってきた人でも，心が煮えたぎる時がある。上司は親心で晴眼者と同じ期待をしており，補助者も付けているのだが。ただ，本人からすると，全て当然に晴眼者100％ルールではなく，努力しなくていい範囲が必要なのである。一方，同じように活躍しているＲさんやＫさんは「100％晴眼者で構いません」と語っている。上司と本人の考え方の組み合わせが重要であることが示唆される。

6．上司の雇用観形成（障害者を部下に持つこと）

　視覚障害者の部下を持つ上司にとって「視覚障害者の部下を持つこと」とは，見えない事の限界を知ることと，独自の雇用の評価・判断基準を形成していくことだった（図5-11）。

6-1. 見えないことの壁

　このカテゴリーは，〈書類周り〉〈複合／三次元〉〈他者補充の必要性〉で構成される。〈書類周り〉の語りの例は，「顧客との折衝」（図を用いた資料を見せながら説明したり，顧客が記入した書類をチェックする），「パソコン画面の加

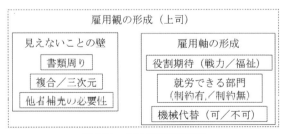

図5-11　上司の雇用観形成

工」（ウェブ画面をコピーして説明する）である。〈複合／三次元〉の語りの例は，ワードで作成した文章に，判り易くするためにエクセルの表を入れたり，パワポの図解を入れること（ワードの立体化），エクセルの複数シート間の計算処理（複数シート間の計算），パワーポイントの図式による説明（パワポのプレゼン資料）である。〈他者補充の必要性〉の語りの例は，「一部業務の切り出し」と，「単独歩行への付き添い」である。

6-2. 雇用軸の形成

　雇用の評価・判断基準は，〈役割期待（戦力／福祉）〉・〈就労できる部門（制限有／制限無）〉・〈機械代替（可／不可）〉で構成されていた。

　役割期待には，福祉的雇用と戦力的雇用の２つがある。福祉的雇用では「そこまでは求めていない」（非正規雇用の社員にしてもらう仕事は部分的・補助的なものでよい）（上司 E），「人並みな幸せを」（結婚など，重要な人生の目標を障害があっても達成できることは意義がある）（上司 E），「資格の勉強」（仕事に直結しない目標を与える）（上司 D）という語りがあった。

　この対極が戦力的雇用で，「生活に関して障害はあっても必ずしも仕事の障害と一致しない」「特例子会社のトップに立とうという意識を皆が持っている」という語りがあった（上司 L）。就労部門については，CSR（企業の社会的責任としての障害者活用）関連業務か，特に限定しない，の２つがある。

　〈就労できる部門（制限有／制限無）：潰しが効かない〉会社に入って定着して終わりではなく，今後さらに成長していくということが必要なので。今の段階で，苦手なところ伸ばすべきところ，苦手を克服するところ，それを見た上で，例えばどういう分野で活躍する人なのか。ずっとうちのチームにいるかどうかも判りませんし。本人の希望もありますけれど。そういったところを今後見極めてあげなきゃいけないなと思ってます。３年ぐらいですね。簡単に言えば，部内の他チームに移るのか，他部門に行くのか。いろいろな部門がありますので。サステナビリティとか社会貢献とかもあるかもしれませんし。（略）ただ，企画・営業・生産部門ということは無いと思います。研究ということもありません。多少…あの，嫌らしい言い方をすれば，潰しが効かないので。障害がある分。ゼロからもう，別のことをしましょうというのは，やっぱり，なかなか，いかなくて。できない…ところがあるからこそ，ある程度強みを持った上で，自分の苦手なところを判った上で，そういう得意な分野で，を，見つけてあげないと。社会人の人生って，これから何十年もあ

るわけなので。そこを見てあげないといけないなと思ってます。（上司H）

　機械代替（可）では，いつまでも補助職では，AIやRPA（Robotic process automation）に代替されてしまうという上司の不安が語られていた（上司D）。

第4節　考　　察

1．理論的貢献

　両側分析と片側分析との異同　ここで「両側分析」とは，対人的相互作用における支援者と被支援者双方から得られたデータを分析することとする。これは相互作用自体（あるいは場）を分析焦点者としている。どちらか一方からの場合は「片側分析」である。

　片側分析では，例えば分析焦点者を上司とした場合，得られる概念は，当事者の言動・それに対する自分の思考と感情・自分の対応で構成される。結果図は，上司から見た「関係性の段階的移行」と「各段階での開始・終了条件及び方略」を説明する。この場合，相手の思考と感情は不可知のままである。対人援助実践への示唆は，こういう状況で非援助者がこうしてきたら，こう見立てて，こう対応しなさい，ということになる。

　今回の両側分析では，片側分析では不可知であった「自分の行為が相手の思考や感情にどう影響を及ぼすか」を含む理論を提示できた。

　上司・部下関係分析におけるGTA使用の妥当性　終末期ケアにおける治療不能診断から死までの期間は，一般的に数か月程度かと思われる。この間，患者とスタッフ間関係は4つの駆け引き的段階を移行する。これはかなり特殊な状況であり，そのために開発されたGTAは，職場の上司・部下関係（1〜3年程度）に応用できるのだろうか。

　今回の結果図は，気づきの文脈（相手がどこまで知っていると自分が思っているか）の違いによる関係性移行ではなく，就労・支援スキル発達が相手の雇用・就労観を好転させ，タスク開発につながることを示した。一見，関係性の段階的な移行が見えにくいようだが，双方のスキル未発達・上司の発達・本人の発達・双方の発達という段階的移行は存在している。従って，上司・部下関

係にも GTA（M-GTA）を用いることは妥当と考える。

2．実践への提言

訓練・研修ではできないこと　スキルとは一連の行動（個人の優れた手業や行為）である。就労スキル理論（Katz, 1974）では，技術的スキルは反復訓練・対人的スキルはロールプレイ・概念的スキルは OJT で訓練されると説明されてきた。

しかし結果図は，これだけでは不十分であることを明らかにした。訓練や研修と異なり，職場では「上司・部下」という社会的に非対称な関係下で，それぞれ相手には言えない／判らない「不可知要素」が重要な働きをしていた。部下のスキル発揮は，上司の雇用観に影響を及ぼす。低スキル者の上司は当惑し，視覚障害のタスク拡大や追加採用に消極的になるだろう。高スキル者の上司は晴眼者側 100％の職場ルールを当然視し，本人にストレスを発生させるかもしれない。

状況ごとに受講者がコントロールできる概念やカテゴリーを実際に用い，その結果を確認・再相談する M-GTA（GTA）の「介入支援」（Glaser, 1978, 162）が必要かつ有効だろう。

チェックリスト的活用法　スキルは遺伝や性格，障害で決められるものではなく，誰でも訓練することで上達可能である。結果図は，双方のスキル開発のチェックリストとしても活用できる。本人は，個性や努力に基づく強みを発揮すること，他者に視覚に制約されないサービスを提供しながら他者から視覚的なサービスを受ける方略を開発すること，態度を変容することで就労スキルを発達できる。上司も，環境を改善すること，個別の助言を行うことで，支援スキルを発達できる。部下のスキル獲得を支援することで，上司の管理スキルも発達するのである。本人の就労スキルと上司の支援スキルのバランスのとれた発達がそれぞれの雇用観・就労観に影響し，タスク開発を可能にする。結果図は，直接相手に問いただすことをしないでも，考え方の推察や修正への働きかけの仕方の手掛かりを提供するだろう。

障害者雇用が促進されている今でも，「どんなタスクが出来るかが判らないので採用は消極的」「やらせてみたが，無理だった」という現場の声は少なくな

い。本章で示した結果図が，現場における双方のスキル発達とタスク拡大に少しでも役立つことを願ってやまない。

3．本研究の示せたことと限界

本章の結果図は，分析対象とした関係性に特有な対人的相互作用の「構造」を示すことが出来た。第1に，「上司・部下」という関係に加えて「晴眼者・視覚障害者」という立場の違いが，相手に不可知な要素を増やしてしまう。第2に，それらの不可知要素が可知要素であるタスクやスキルの発達に影響し，かつ影響もされている。

しかしその一方，複数の相互作用パターンの移行を示すまでには至らなかった。これは，分析者が「相互作用自体を分析の焦点とする」ことを意識したことや，上司と部下ごとに概念やカテゴリーを生成してからそれら間の関係を分析したためと考えられる。あるいは，職場での上司・部下関係性は終末期ケアにおけるものと異なり，顕著な段階性を示さない可能性もある。

今後の修正の余地はあるが，現場の援助者と非援助者の困難を減らすというM-GTA（GTA）の目的には役立つと考え，予備的分析結果として提示することとした。例えば，上司は何に基づいてタスクを割り当てるのか，本人はどのようにスキルを発達させていくのか，相手側が理解することで必要な行動の推測が可能になる。

上司は部下の対人的スキルが不足していると観察している一方で，部下からは対人的スキルの苦手が出て来なかった原因としては，今回対象とした当事者が勤続3年以上であったため，すでに対人的スキルの苦手は克服した後だったこと，体調不良のため上司の配慮で面接を実施しなかった部下が存在することなどが考えられる。

4．今後の課題

第1に，追加的分析やデータ収集により，対人的相互作用の複数パターンと，それらの開始・終了要件，各段階における双方の方略を説明・予測する結果図の改善である。第2に，データの追加的収集が進むにつれて，例えば上司／部下ごとの分析が可能になるだろう。それにより，上司あるいは部下特有のタス

ク・スキル開発の困難さを理解し，効果的に支援することが可能になるかもしれない。第3に，上述したように追加的なデータ収集や理論的メモ・ノートによる考察が行われることで，異なる分析テーマ（例えば弱視・全盲別）あるいは分析焦点者（例えばヘルスキーパー）が必要になるかもしれない。これらが試みられる結果，『死のアウェアネス』第Ⅲ部で示されたような多様な実践的問題に特化したGT群が生成され，実践での有用性をさらに高めることができるだろう。

　M-GTA（GTA）であるためには，結果図を基にした上司・部下向け研修プログラムの開発が課題である。このプログラムを受講することにより，「初期の困難をクリアした当事者や上司たちは，どのように工夫したのか」「自分は，他の当事者や上司に比べてどのようなスキルに向上の余地があるか」理解・応用することが可能になり，自己モニタリングと動機づけの向上につながるだろう。概念的スキル（「視点を使えない」「順序が見えない」）については，効果的な教材の開発が望まれる。例えば，レイズライターやできればパワーポイントを使って「図で考え・伝える・修正してもらう」訓練である。

引用文献

相川充 (2009).〔新版〕人づきあいの技術―ソーシャルスキルの心理学. サイエンス社.

Cavenaugh, B. & Giesen, J. M. (2012). A systematic review of transition interventions affecting the employability of youths with visual impairments. *Journal of Visual Impairment & Blindness*, July 2012, 400-413.

Crudden, A. (2012). Transition to employment for students with visual impairments: Components for success. *Journal of Visual Impairment & Blindness*, July 2012, 389-399

Glaser, B. G. (1978). *Theoretical Sensitivity*. Mill Valley, CA: The Sociology Press.

Glaser, B. G., & Strauss, A. L. (1967). *The Discovery of Grounded Theory: Strategies for Qualitative Research*. New Brunswick, NJ: Aldine Transaction.

Katz, R. L. (1974). Skills of an Effective Administrator. *Harvard Business Review*, 52, 90-102.

木下康仁 (1999). グラウンデッド・セオリー・アプローチ―質的実証研究の再生. 弘文堂.

木下康仁 (2003). グラウンデッド・セオリー・アプローチの実践. 弘文堂.

木下康仁 (2007). ライブ講義M-GTA―実践的質的研究法　修正版グラウンデッド・セオリー・アプローチのすべて. 弘文堂.

高齢・障害・求職者雇用支援機構 (2006). 視覚障害者雇用の拡大とその支援―三療以外の新たな職域開拓の変遷と現状. 資料シリーズ 35.

Olayi, J. E. & Ewa, J. A. (2014). Importance of concept development in sighted and visually impaired children in an inclusive environment. *Paidagogos-Journal of Education in*

Contexts, 2.

白井章詞 (2009). 視覚障害者のキャリア発達に影響を与えた諸要因—全盲の視覚障害者 T 君を事例として. 生涯学習とキャリアデザイン, 6, 161-175.

竹下浩・藤田紀次 (2019a). 就労移行支援員の心理的変容過程. 産業・組織心理学研究, 33(1), 3-17.

竹下浩・藤田紀次 (2019b). 就労移行支援員による利用者の就労スキル発達支援過程. 教育心理学研究, 67(4).

手塚直樹 (1990). 障害者の雇用の現状と問題点—視覚障害を視点として. 日本アイ・ビー・エム株式会社 第 32 回 IBM ウェルフェア・セミナー報告集 (pp.49-70).

鳥居修晃 (1993). 視覚障害と認知. 放送大学教育振興会.

日本経済団体連合会 (2018). 高等教育に関するアンケート結果. 日本経済団体連合会. Retrieved from https://www. keidanren. or. jp/policy/2018/029. html (October 8, 2019).

Warren, D. H. (1984). *Blindness and early childhood development* (2nd. Ed.). NY: American Foundation for the Blind.

吉田重子 (1997). 視覚障害者の就労の現状と課題. 認定 NPO 法人タートル. Retrieved from http://www. turtle. gr. jp/paper/yoshida1. html (October 8, 2019).

Zebehazy, K. T. & Smith, T. J. (2011). An examination of characteristics related to the social skills of youths with visual impairements. *Journal of Visual Impairement 6 Blindness*, February 2011, 84-95.

注) 本章は, JSPS 科研費 JP19K02471 の助成を得た予稿 Clerical skills development and supervisor's support for the visually impaired (Ref. 4108 Poster) Takeshita, H., *Abstracts of Division of Occupational Psychology Annual Conference 2020; The British Psychological Society*, 344-350. を加筆・修正した.

第6章

ま と め

第1節　判明事項

　2章，3章，5章を振り返ってみると，「橋渡し期におけるスキル獲得と支援」の様子を，異なる角度から説明することができたと思う。2章では，支援員の「仕事や自分についての考え方・感じ方」と「スキル獲得支援の仕方」が，どのように相互に影響しながら移行していくのか説明した。支援員を志す人だけでなく，初めてセンター長になる人も参考になるだろう。3章では，利用者の「苦手・躓きのプロセス」をパターン化し，各段階において異なる有効な支援の仕方を説明した。精神・発達障害者の支援だけでなく，他障害や健常者のスキル獲得を支援する場合にも応用できるだろう。5章では，「上司・部下」に加えて「視覚障害者・晴眼者」という違いがどのような「見せないこと」「見えないこと」を生むのか，そしてそれらがどのように「見えること」（本人の就労スキルや上司のタスク決定など）に影響しているのか説明した。

　これらのメカニズムを理解することで，上司と部下は職場で直接対決することなく，相手の内面の理解や行動の予測が可能になるだろう。初めて障害者を受け入れる上司は，2章で支援者に必要なアイデンティティ発達，3章で困難さのアセスメントとタイプ別支援方略，5章で「上司・部下＋健常者・障害者」関係に特有な「可知・不可知」相互作用のメカニズムが理解できる。就労を志す当事者は，3章で自己チェック，5章ですでに活躍している先駆者たちの努力や工夫をシミュレーションすることができる。これらは，「橋渡し期」における当事者と支援者の「有能な働き手」としての要件でもある。

　2，3章と5章を比較することで，橋渡し期の中にも，前期と後期があることが判る。違いは，「利用者・支援者」（前期）と「従業員・雇用主」（後期）という経済的関係の変化である。「橋渡し期」は，入社後数年は続くのだ。「就職させて終わり」でもないし，「一人前だから入社したんだろう」という考え方も変える必要がある。5章で述べたように，「就労移行支援」と「定着支援」だけでは不十分で，障害者と上司向けの研修が有効だと考えられる。

　以下は，橋渡し期における本人と上司へのアドバイスである。本人は，お金を払ってサービスを受ける人から，サービスを提供してお金をもらう人になる。そのためには，技術的スキルだけなく対人的・概念的スキルも向上する必要がある。3章と5章で示された3つのスキルの具体例が，自己アセスメントと目標設定に役立つだろう。

　上司は，指導・指示・評価者だけでなく支援者にもなる。ダイバーシティやインクルージョン時代に不可欠の「上司力」である「支援力」である。どうすれば支援者アイデンティティを獲得できるか（2章），具体的な躓き別・障害別の支援方略（3，5章）は何か理解することで，状況アセスメントと介入に役立つだろう。

　もちろん，提示した結果図は完全・網羅的なものではない。いずれの結果図も，今でも現場の応用で検証・修正するプロセス中にある。それでも出版したのは，少しでも多くの現場の目に触れることで，困難さを抱える人たちの援助にさらに有効な手がかりを提示することができると考えたからである。

　1997年に開催された障害者雇用に関するフォーラムでは，長引く景気低迷で既存従業員の雇用不安すら生じており，障害者雇用まではとても手が回らない企業の存在を指摘している（大阪障害者雇用支援ネットワーク，2004）。つまり，20年以上も同じようなことが指摘されていることになる。この状況を打開するためには，企業レベルの要求（雇用率達成）だけでなく現場レベルの支援（上司と当事者双方のスキル獲得）が不可欠である。例えば，M-GTAを用いる研究者チームを組成して，各領域のGTを生成していき，スキル獲得支援プログラムを実施・検証するサイクルを回すことで，それが可能になるだろう。

第2節　フォーマル理論の生成

　前節の最後で述べた「各領域のGT」については，具体的なやり方について，提示する必要がある。以下，それを可能にするために不可欠なフォーマル理論の生成について，説明する。理論的な内容ではあるが，短いので，実践に興味がある読者にもお目通し頂ければ幸いである。

1．基本用語

「領域密着理論」（substantive theory）とは，特定の具体的領域（例：末期患者ケア）における社会学的研究のために開発された理論である。「フォーマル（一般）理論」（formal theory）とは，抽象的領域（例：社会的地位の移行）における社会学的研究のために開発された理論である（Glaser, 1978, 144）。例えば，「科学者の組織的キャリア」分析であれば，分析者の焦点が「組織的キャリア」であればフォーマル理論，「科学者のキャリア」であれば領域密着理論となる。これは「抽象化の度合」が違うだけで，線引きの基準は無い（『地位の移行』，1971, 178）。議論が判りやすいよう，以下引用に際しては必要に応じて書名の略称を用いる。正式書名と略称は章末の引用文献で示した。

2．フォーマル理論の必要性

　データレベルで根拠のある（＝ grounded な）フォーマル理論（以下「GFT」）は，現実に適合しており実践で活用できるので，研究・教育においては論理・演繹的な理論より信頼できる。状況の説明・予測が可能なので，現実の問題に直面している人々にコンサルティングを行うこともできる。また，理論が存在していない領域の研究者に，理論的な助言を行うことも可能である（『理論の発見』，1967, 98）。これらの他，データによるフォーマル理論の実証や，修正と拡張，他の理論との統合による範囲と倹約性の拡張もできる（『理論的感受性』，1978, 156）。これを行わないと，領域密着理論は小さな孤島の群れになってしまう。（『地位の移行』，1971, 181）

3．フォーマル理論の生成方法

Ａ：**書き換え法**　理論生成に際し，単に具体的な単語やフレーズ・形容詞を除去することである。比較分析をしていないので一領域のフォーマル理論となり，完全なフォーマル理論は生成できない。

Ｂ：**データからの直接生成法**　多様な具体的領域（ただし，領域密着理論が未だ存在していない領域）におけるデータのセット（例：質的研究における事例）から，直接フォーマル理論を生成する。

Ｃ：**領域密着理論拡張法**　C1：単一の既存の領域密着理論のコア・カテゴリー（例：「資格の付与」「悪化する事態の進行」）を，他領域の質的データと比較することにより拡張する（グレイザーとストラウスはこれを行った。グレイザーと弟子達は現在でもこのやり方である）。C2：複数の既存の領域密着理論の比較分析（これが最もパワフルとされる）。

なおこの他にも，Ｄ：BSP（基本的社会プロセス）を用いた比較分析法，Ｅ：複数のフォーマル・領域密着理論との比較分析法が紹介されている（『理論的感受性』，1978，144）が，応用的技法なのでここでは省略する。

4．既存のフォーマル理論

「**意識の文脈**」　『理論の発見』（1967，83）によると，彼らは1964年の論文で「『意識の文脈』という概念は，死に向かう状況だけではなく社会一般に見出し得る」と論じたため，この「意識の文脈」をフォーマル理論化する必要が生じた。そのため，意識の文脈が存在し得る多くの具体的領域（例：ピエロの演技，中古車売買）のデータ（論文や書籍中の記述）を分析した。例えば「目印」という観点から比較することで，有用な特性や仮説が生まれたとしている。これは前述Ｂ法に該当する。

「**地位の移行**」　彼らは，1965年に論文化した「死に向かう現象」に関する領域密着理論についても，フォーマル理論化を行った。「社会的地位の移行」に関する社会学と人類学における幾つかの領域密着理論と多くの研究データを概念的基準で選択し，比較分析した。資料のほとんどが探索的な質的研究で，未公表のものも含んでいた。これは前述C1法とC2法に該当する。

「**組織的キャリア―理論のソース集**」　グレイザーは，社会学では副次的に扱

われてきた「組織的キャリア」に注目し，関連する文献を収集し，フォーマル理論生成のための枠組みを示した。具体的には，組織的キャリアに関して総合的に分析した4本の先行研究に基づき理論的な考察を行い，「初期的なフォーマル理論（いわゆる理論的枠組み）」を生成した。そして，そこで浮上した主要カテゴリー（採用・動機づけ・コミットメント・昇格・降格・職位継承・組織間異動・パターン）ごとに章を設けて，各章の冒頭で理論的な考察を行っている。これは前述C2法である。

5. やり残されたこと

グラウンデッドな領域密着理論の比較分析　オリジナル版のもう一つの方向性が，広範な一般性を持つフォーマル理論の生成であり，これは複数の特定領域で生成された領域密着理論の比較分析によって生成される（木下，2014,52-53）。上述のようにGTAも，複数の「グラウンデッドな領域密着理論（以下GST）」の比較分析が最も強力なフォーマル理論の生成手法だとしている。

だが創始者たちは，この複数GSTからのフォーマル理論生成は行っていない。当初は時期的な制約があったと考えられる。『専門家と素人』（Glaser, 1972, xi-xii）でのグレイザーの説明によれば，彼は『組織的キャリア』で，複数の領域密着理論からフォーマル理論を生成した。しかし，この本で引用された探索的な質的研究論文群は，全て『理論の発見』（1967年）より前に（1937-1966）出版されており，領域密着かもしれないが，GTAを用いたGSTではない。こうして，複数GSTによるフォーマル理論の生成は，依然課題として残されている。

『地位の移行』の序文は，2つの出版目的に言及している。第1は技法面で，フォーマル理論生成の試みを開示することで未経験者でも生成できるようにし，フィードバックをもらうことで生成方法を改善することである（つまり改善の余地がある）。第2は応用面で，生成したフォーマル理論を，多様な領域で応用してもらうことである。理論開発の初心者でも社会への理解・自分の生活管理でメリットがあり，専門職（社会福祉・介護・看護・矯正領域）や社会科学者（社会科・仕事・余暇・社会的流動性・組織）も何か得るものがある（Glaser & Strauss, 1971, viii）。

彼らは新たな説明の枠組み（コア・カテゴリー）を提示し，社会各領域にお

ける類似例を示すことで読者にその一般化について納得させることには成功したが，読者が実践でこの理論に基づいて問題を解決することは課題のままである。これでは，GTを統合して誇大理論を生成したことにならないだろうか。このように考えると，「フォーマル理論までの展開は，現在まで十分な成果に至っていない」（木下，2014, 53）。そこで本章では，前章までに得られた3つのGSTを用いて，GFTの生成を試みる。

6．GSTの比較分析法の開発

M-GTAにおけるフォーマル理論の生成　木下は，打開策として「フォーマル理論の抽象度基準を引き下げること」を提案している。具体的には，「対人援助に共通する基本的概念」（例：「介護者の支援」）が現実的なフォーマル理論[8]で，「それが応用可能な多様な実践領域（職域）」（例：高齢者夫婦・重度心身障害児・子育て）が領域密着理論であるとする（木下，2014, 53）。本章では，「障害者の就労支援」が現実的フォーマル理論，「精神（発達）障害者」「視覚障害者」「聴覚障害者」などが領域密着理論となる。

　さらに，M-GTAは方法論的限定によりコア・カテゴリーが存在しない場合もあるので，前述C1法よりC2法が現実的である。その解決策がM-GTAの「現象特性」である。この現象特性とはGST特有の「うごき」の特徴であるが，共通する特性として領域密着理論から現実的フォーマル理論に展開するヒントになる（木下，2007, 297）からだ。例えば高齢夫婦世帯における夫による妻の介護プロセス研究では，「安全を考えると離れられない，しかし，一時離れなくてはならない。そして，間に合うように戻らなくてはならない」という「うごきが」が現象特性である（木下，2007, 298）。

　そこで，第2章・第3章・第5章の各結果図の現象特性を図式化して比較分析することにした（図6-1）。梯子型の左側が支援者，右側が被支援者である。2本の縦の矢印は，支援者と被支援者のスキル発達（上方向）を示している。梯子の段（水平方向の矢印）は，支援者と被支援者の相互作用（行為）を示す。第2章「デュアル・バランス」では，センターレベルの相互支援スキル発達と

8　木下は前者を「領域密着理論」，後者を「具体理論」と呼ぶことを提唱したが，本書では読者が混乱しないよう説明の流れを合わせるため上記のように表記した。

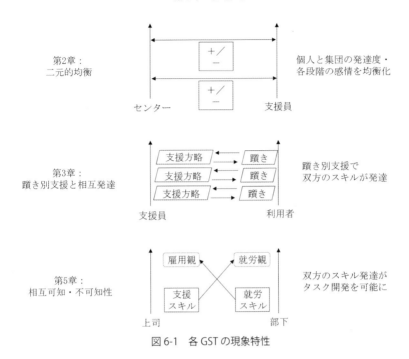

図 6-1　各 GST の現象特性

支援員の個人レベルの利用者支援スキル発達がバランス良くなされることで，支援員の各スキル発達段階における感情収支がバランスされることを示している。第3章では，利用者の躓きスキルごとに支援員が支援スキルを発揮している。第5章では，上司と部下が相互作用しながらそれぞれのスキルが発達していく。

　さらに，第2章では「支援員の自己認知」，第3章では「支援員の思考過程」が支援方略に影響しており，第5章では両側からデータ収集することでそれぞれ「上司の雇用観」と「本人の就労観」が確認できたので，GFT にはこれも含める必要がある。

　まとめると，（1）「スキルを獲得したい人」と「それを支援する人」という両側がある，（2）相互作用が行われる結果，両側でスキルが向上していく，（3）自己あるいは職業観が行為に影響する，となる。これらを図式化したものが，図 6-2 である。コア・カテゴリーとしての「互恵的なスキル発達」を示してい

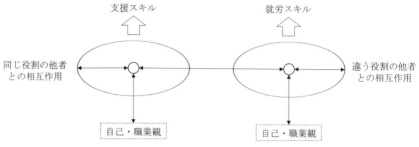

図6-2　就労スキル獲得と支援のGFT

る。これにより，必要であれば前述C1法が可能になったことが判る。

　これは実践領域（精神障害・視覚障害，そしておそらく健常者）を問わず当てはまる。非対称的な関係下の，不可知の心理的要因に影響されるプロセスである。両側とも他者との相互作用によりスキルが発達するが，構造的に両側のスキル発達をバランスさせることが難しい。スキル獲得に影響するタスク決定の非対称性・心理的要因の不可視性・本人と組織の期待ギャップ，が存在するためである。

第3節　フォーマル理論に基づく考察

1．判明事項：両側の発達と相互作用

　共通する「うごき」は，支援者・被支援者が相互に行為することでスキルが発達していく，である。障害を持つ部下の支援は上司にとっては経験の無い事，本来の仕事以外のタスクに思われるかもしれない。しかし実際は，上司の側にもスキル開発の点でメリットがあることが判る。そして当事者には「違う立場の人々（例：同僚，顧客）」との，支援者には「同じ立場の人々（例：支援員）」との相互作用が必要であることが示された（図6-3）。

　Aは，支援者の支援スキルが発達，本人の就労スキルが未発達な場合である。正社員であってもこの状態では福祉的な就労になる。上司によっては結婚や資格取得など仕事以外の目標達成を支援することもある。本人は将来的にリストラされる可能性を心配するかもしれない。

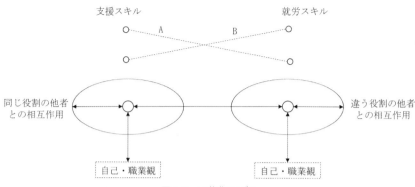

図6-3　不均衡モデル

　Bは，本人の就労スキルは発達しているが上司の支援スキルが未発達な場合である。結果，純粋に視覚を用いるタスク以外は，晴眼者と同じ水準を要求しがちとなる。しかし，「100％本人側」あるいは「100％上司側」というルール設定ではなく，ローカル・ルールを決めて，見直し，改善することが必要なのである。

　このような不均衡な状態から均衡へ移行するプロセスが，就労スキル獲得支援プロセスである。

2．GFT を具体的領域に応用する

　「疑似環境」と「職場」の違い　GFT を軸に各 GST を比較することにより，障害種類の違いではなく「疑似的職場」と「職場」の重要な社会構造的な違いが判明した。「職場」の文脈では，相手への働きかけに重要な影響を与える心理的要因は隠されている。さらに，障害者就労スキル獲得の支援の現場では，上司に必要となる社会的相互作用が得られにくい構造になっている。なぜなら，一般的な職場を想定すると，同一企業内に障害者を部下に抱える上司が多く存在し日常的に相互ケアできるとは考えにくいからである。一方，複数の特例子会社に所属する管理職向けの情報交換会では，限定的ではあるが，ここで想定したような相互作用が得られる可能性がある。それが無い場合，例えば個別の出張研修やセミナーで補う必要がある。

　GST 比較によって得られた示唆　視覚障害者版 GST から得られた精神障害者

版 GST への示唆としては，就労支援は確かに疑似的な環境であるが，就労準備度が一定に達した利用者に対しては「健常者 100％並み」の訓練もプログラムに織り込むことで入社後の継続率向上につながるようなトレーニングが開発できる可能性がある。精神障害者版 GST から得られた視覚障害者版 GST への示唆は，3 つの就労スキル（コラム 3 も参照）ごとの具体的な支援方法である。例えば視覚障害者の就労支援においても，生育環境により発達面に課題を抱える当事者から相談を受けた上司が，落ち着いて対応することができる。3 つの対処方略の応用と結果をノートしていくことで，支援プロセスを開始することが可能になる。第 2 章，第 3 章も同様で，初めての支援員や初めてのセンター長が状況分析の拠り所とし，少し自信を持って対処できることが M-GTA の結果図の価値であると考えられる。創始者のコア・カテゴリー「認識の文脈」も全く同じ目的であったに違いない。

さらに，「上司側のストレス」に関する概念が存在する可能性も示唆された。実際に，すでに 1 人の上司の語りではこの概念を示唆するヴァリエーションが得られており，今後理論的サンプリングにより分析焦点者を新たに設定することも含め，データを追加収集することで類似概念が浮上する可能性もある。

3．隣接領域における GST の追加

現実的 GFT が各特定領域での実践に有効な示唆を提供するためには，一度の GTA で生成されたコア・カテゴリーを完全視せずに，同じ分析テーマで隣接領域における GST を量産することが必要である。創始者のようにいきなり「スキル発達」まで抽象化するのではなく，「障害者の就労におけるスキル獲得と支援」というテーマの分析を各特定（対人援助）領域に網羅していくことで理論の普遍性を高めていくことになる。現実的 GFT は，各領域の GST の研究者と実践者がそれを介してつながり，相互に改善していくためにある。

引用文献

Glaser, B. G. (Ed.)(1968). *Organizational Careers: A Sourcebook for Theory*. NJ: Aldine Transaction.（『組織的キャリア─理論のソース集』）

Glaser, B. G. (1972). *Expert Versus Laymen*. NJ: Transaction Publishers.（『専門家と素人』）

Glaser, B. G. (1978). *Theoretical Sensitivity*. Mill Valley, CA: The Sociology Press.（『理論的感受

性』）

Glaser, B. G. & Strauss, A. L. (1967). *The Discovery of Grounded Theory: Strategies for Qualitative Research*. New Brunswick, NJ: Aldine Transaction.（『理論の発見』）

Glaser, B. G. & Strauss, A. L. (1971). *Status Passage*. NJ: Aldine Transaction.（『地位の移行』）

木下康仁 (1999). グラウンデッド・セオリー・アプローチ―質的実証研究の再生. 弘文堂.

木下康仁 (2007). ライブ講義 M-GTA―実践的質的研究法　修正版グラウンデッド・セオリー・アプローチのすべて. 弘文堂.

木下康仁 (2014). グラウンデッド・セオリー論. 弘文堂.

大阪障害者雇用支援ネットワーク (2004). 障害のある人の雇用・就労支援 Q&A. 中央法規.

■ コラム3

スキルの心理学

　スキルとは目に見える一連の行動（個人の優れた手業や行為）で，管理職に不可欠な仕事のスキルは「技術的」「対人的」「概念的」の3種類である。これらのスキルを組み合わせて遂行されるのがタスク（仕事の単位。例えば新人研修の企画遂行）である。以下，各スキルを簡単に説明する。

1．技術的スキル

　手法や技巧に関わる行為で，通常は「もの」の加工に際しての専門的知識の応用，道具や技法の駆使である。いわゆる「技能」と呼ばれているものであり，基本的には一人（個人単位）で発揮される。手順の教示と反復訓練で上達する。

2．対人的スキル

　他者と上手く働くことを可能にする行為である。観察により相手の考えや感情を理解して適切な対応をする，状況に応じたコミュニケーション，説得などが含まれる。ロールプレイなどで上達する。

3．概念的スキル

　抽象化して考えてアウトプットする行為である。段取りを首尾良くこなすことや，部門間関係を理解して連絡すること，状況把握と問題解決によるプレゼンなどが含まれる。自分の考えを文字化したり図にしたりすることで上達する。

4．「職務階層」で異なるスキル重要度

　職務階層によって必要となるスキルの割合が異なることが知られている。例

えば，一般社員レベルでは技術的スキルが相対的に最も必要とされ，概念的スキルは作業の段取りなどである。対照的に経営幹部レベルでは，個々の手業の重要性は減少し，業界の機会分析や経営ビジョンの提示など高次の概念的スキルが要求される。なお対人的スキルは，職務階層を問わず必要となる。

　障害を持つ学生が入社後も長期にわたり順調なキャリアを形成していくためには，技術的スキルだけでなく対人・概念的スキルの訓練が不可欠であることがわかる。

（竹下浩（2019）「技能」を科学する─視覚障碍者雇用促進に向けて．筑波技術大学テクノレポート，26(2) total 7 pages. を基に作成。大学ホームページから入手可能）

第 7 章

M-GTA に関する補論

本章は，筆者の観点から M-GTA を用いる研究者に伝えたいことを補足したものである。当初第 1 章に含めたが，読者の読みやすさを考え巻末で補論とした。

1．分析ツールによる継続的比較分析の可視化

筆者にとって M-GTA のMは，「具現化された」（materialized）でもある。分析手順・解釈過程・分析結果・実践教材の全てを「可視化」して，「やり方」を明示することで初心者でも分析が可能になった。「理論的メモ・ノートを使ってオープン・選択的・理論的コーディングをするように」指示されるより，「まず，作ってみよう」と分析ワークシートや概念関係図を提示される方が，遥かに「やり方が判る」。

結果図により，応用者にとって容易な理解が可能になった。解釈という思考過程が文字化され，スーパーヴァイザーや査読者が実際の解釈内容と水準を確認することができる。

ソフトウェアを使うことで，分析ワークシート・概念リスト・結果図のどれかを修正した際，迅速・簡単に修正できる。類似例や対極例探しや，概念作成時の理論的な検討を怠った場合，証拠が残る。以下，各ソフトにおけるツールとルールを考察する。

文書作成ソフト　分析ワークシート作成時における「2つ以上のヴァリエーション」ルールは，初心者に具体的な概念生成のやり方を提供した。生成経験を蓄積することでコツもつかめ，3つ，4つと増やした場合の概念の特性の変化や説明力の強化も体感できる。類似例等の欄は，後に結果図から理論的コー

ディングや理論的サンプリングを行う際の基礎となる。

　逐語記録にコメントを書き込むことで,「ここではこう質問するべきだった！」「具体例を知りたい！」などと反省（文字化）することで, インタビュースキルが向上する。

　作図ソフト　分析を結果にまとめていくためにはオープン・コーディングとは異質な要素が必要不可欠であるが, 18 コーディング系統群（グレイザー）やコーディング典型例（ストラウス）の流用ありきではなく, 自分で工夫しながら思考を意識化すべきである（木下, 2014, 90-91）。M-GTA は理論的コーディング（カテゴリー間関係を体系的な理論に関連付けること）自体は否定しておらず, 結果図にはこの理論的コーディングを促進する効果がある。図で直感的に把握, 図形を動かしながら比較することで, 共通特性を持つ概念をカテゴリーに統合することや, 結果図を見ることで「あるべきカテゴリーや概念」に気付くこと（穴埋め）が可能になるのである。想像もしていなかったカテゴリー間関係に気づいたら, それを分析ワークシートの 4 例（対極, 類似, 原因, 結果）で検証する（矢印は主観で決めるのではない）。

　M-GTA では, 結果図は分析開始時点と終了時点との間に非連続的に（分析者も想定しなかった構造に）変容していく。これは, 理論的サンプリングや理論的コーディングが十分に行われたかどうかの目安になる。対照的に質的コーディングや KJ 法では, 分析者があらかじめ想定したカテゴリーに該当するデータや概念を抽出していくため, 結果図の枠組みは変わらない。筆者は, 後に変遷を確認するために作成日ごとに結果図をファイルに保存している。

　また, 実践での応用に結果図が有効であることは明らかである。『死のアウェアネス』の原書と訳書（木下, 1988）を比べてみると, 原書のスキーム（説明のための理論的枠組み）である「気づきの文脈」という言葉に比べて, 訳書で示された数々のイラストがいかに読者の理解を容易にするか, 一目瞭然である。

　表計算ソフト　概念リストは, 分析者が必要に応じて作成する（表 2-5, 表 3-1 等参照）。概念名や定義を一目で比較できることで幾つかのメリットがある。定義表現の不備（主語の表記漏れや文字数のバラつきによる表現の濃淡の違いなど）に気づく。概念名の比較で, 抽象度や具体度のバラつきが判る。自

分で比較の視点と工夫（例えば行動的・認知的・感情的）して，分析の偏りに気づいたり，現象特性のアイディアが得られたりする。分析ワークシートや論文中の具体例と同様，スーパーヴァイザーや査読者が分析や解釈の妥当性を判断するのにも役に立つ。

2.「学習プロセス」接近法

Payne & Payne（2004, 98; 179）は，社会調査手法としてのGTAは，帰納的と演繹的，両方の枠組みの中で機能するとしている。Glaser（1978, 37）も，社会学と社会心理学の研究は，研究が進むにつれて帰納的論理と演繹的論理を交互に繰り返すと述べている。にもかかわらず，後続の研究者は認識論で対立している。

この項では，認識論（「我々は外界の規則性をどう理解しているのか」）について，従来の存在論的前提から論じるのではなく，学習論的な前提（実際の認識プロセスの解明）から論じることで，2つの方法の両立を試みる。

シェマ：外界理解の枠組み　学習や発達の心理学では，実証主義と社会構成主義に対応する接近法として行動主義と社会・文化的学習がある。しかし，それだけではなく，認知主義という接近法も柱の一つである。始祖であるPiaget（1952）によれば，「シェマ」とは，人が経験によって習得した外界を理解・認知する枠組みである。ここで「同化」とは，環境を自分のシェマで解釈することである。「調節」は，自分のシェマを環境に合わせて変えることである。GTAで言えば，同化はデータを深く・内省的に解釈していくことで，調節はデータで裏付けられない概念を棄却すること・理論的コーディングでカテゴリー間関係を浮上させることである。

シェマの応用と修正　M-GTAにおける継続的比較分析は，データ（逐語記録）・概念（分析ワークシート）・カテゴリー間関係（概念リスト）・理論（結果図）の間を，ひたすら行ったり来たりする（図7-1）。データから概念の方向が同化である。ありそうな概念やカテゴリー，それらの関係を着想して，データで確認していく。データで支持されない概念や，関連する分析ワークシートで裏付けられないカテゴリー間関係は，いくら分析者のお気に入りであっても棄却される。結果図は分析の進展に応じて進化していき，ある時点で，分析者も

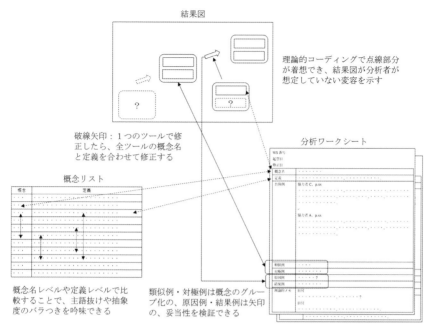

図 7-1　継続的比較分析 （Takeshita, 2019 に加筆）

想定していなかった現象特性が浮上する。こうして，経験に基づく手前理論は棄却される。実際のデータのありようによって，分析者のシェマが調節される（理論が浮上する）のである。筆者は予期しない結果図の抜本的変容を，GTA に基づく分析が行われたかどうか見極める基準の一つにしている。

　前述の定義に即して言うと，GTA は「現場の問題を解決するために，データに密着した分析でシェマを形成しながらデータで検証することを繰り返し，対人的相互作用を説明・予測できる図式で提示する」という，実践の場における学びのプロセスなのである。我々が職場で状況把握・改善提案を行うのは，世界が外的に存在するか人々によって構成されるかという前提の選択ではなく，帰納的かつ演繹的な分析を行うことで説明的規則性を発見，応用で検証するということが本質である。

　認知心理学　GTA の絶えざる比較法を「概念獲得方略」（Roth & Frisby, 1986）と比較することで，実証主義及び社会構成主義的手法が両立し得ることが判る。

この概念獲得方略は「維持的焦点法」と「継時的走査法」で構成されている。前者により，研究者はデータを比較することで，共通する特性を類推できる。後者により，研究者は研究過程の早い段階で概念の仮説を思いついて，それをデータで確認できる。GTA のコーディングは，研究者の認識論に従属するものではなく，性質が異なる 2 つの方略を含む認知的な処理なのである。類型論ではなく特性論と言っても良い。

3．「M-GTA を用いた研究」のチェックポイント

M-GTA は質的研究の初心者でも分析できる分析ツールを開発したが，それには「対人援助専門職であれば，当然社会的相互作用に関心があるだろう」という大前提がある。困難さを抱える人（及びその支援者）が状況をコントロールできるように，GTA の抽象度を緩和し，領域を狭くし，分析できるツールを開発したのだ。見た目の手順の平易さだけ利用して，対人的相互作用に全く関心が無い研究者が定量的検証のための質問項目を作成することや，実践者が無意識に自己の組織内役割を正当化したストーリーにデータを当てはめることは想定していない。「M-GTA の分析ツールを用いて質的コーディングを行った」かどうか見分けるためのチェックポイントの例を以下に説明する。

成功要因だけの収集　企業レベルの研究では，分析者は企業にとってのメリット（利益や革新）を導く要因に興味がある。そこで例えば，M-GTA を使って新たな管理システム導入の成功過程を研究するかもしれない。企業から見て有効な動きを集め，成功に至る道を図示しようとするわけである。実践向けのガイドラインを作成したいと思う分析者も，同様であろう。しかし，これでは失敗に関する相互作用は対象外となる。これには否定的な意味は無く，そのような研究も有用であるが，「M-GTA で分析した」というと事実に反する。対極例の検討（「そうやって失敗した例は無いか？」）による理論的サンプリングをしていないからだ。この場合，正しくは，「M-GTA の分析ツールを流用して質的コーディングを行った」とすべきである。

実際には失敗した出来事の語りもあるはずだが，インタビュー・ガイドラインを見ると質問していないことがある。失敗経験を当事者がどう意味づけたか，それを解明することによってキャリア開発や動機づけ，公正な人事評価に有用

な示唆が得られたかもしれないのにも関わらずである。ミクロの組織論や組織行動論（動機づけ・コミュニケーション・リーダーシップ），人的資源管理（キャリア開発），安全衛生（ストレス管理・メンタルヘルス），技能分析など，個人間レベルの分析に関心がある場合は M-GTA に向いているだろう。「規範的な分析」（例：○○の人脈形成プロセス）も同様である。「人脈形成＝あるべきこと・良い事」ではなく，できなかった状況にも意味があるのだ。

　不特定多数の「相互作用」　例えば，「従業員のキャリア観の変容プロセス」を M-GTA で分析して，初期では「昇進の重視と学習」，中期では「職務内容への拘り」，後期では「家庭とのバランス」，という結果が出たとしよう。分析者は，「分析焦点者は上司や同僚，取引先と社会的相互作用があるから M-GTA に向いている」と主張するかもしれない。でも，そうではない。ここでの相互作用の相手は不特定多数であり，上司なら上司との構造的関係性に分析の焦点を絞る必要がある。地域社会でのボランティアや子育ての場合も，不特定多数の住民との相互作用になる可能性がある。

　M-GTA の社会的相互作用は「その他大勢」相手ではなく特定の固定的な関係性であり，概念は「思考あるいは感情」→「相手への働きかけ」→（相手の思考・感情：ただしこれは判らない）→「相手の反応」で構成される。

　先決めカテゴリーの証拠探し　例えば分析焦点者の「考え方」変容に興味があり，認知に関わる概念だけを選択的にコーディングすると，「なぜそう考えたのか？」「どう感じたか」「どう対応したか」（行為での反応）という概念の流れが生成されず，理論的コーディング（概念やカテゴリー間の関係や影響の着想）が行われないので，対人的相互作用を説明する理論は浮上しない。プロセスは，お互いの行為パターンや関係性の連続的な変化であって，時系列（例：年数）や属性（例：職位）ではないことも注意が必要である。これでは，あらかじめ時期ごとに位置を決めておいて，その上に概念やカテゴリーを描いた結果図になってしまう。時期や立場ごとに共通する考え方の羅列であり，実践に役立つかもしれないが，GTA ではない。

　M-GTA は目的とツールがセットである　これまで述べてきたように，M-GTA は，「対人援助専門職が状況を改善するために GTA が強力な武器となる」ことの確信から始まっている。そして，そのままでは使いづらいので，領域は社会

全体でなく対人援助の職種レベルとし，許容される理論の抽象度も下げ，現場の専門職でも実施可能な手法を開発した。このような修正は行ったが，分析結果が結果図として対人援助に応用されることで，GTA を継承していると言えるのである。現場で応用されるということは，『死のアウェアネス』第Ⅲ部（終末認識をめぐる諸問題）のように，さまざまな実践面の問題ごとに豊富で説得力ある対処方略を示す必要があるということである。

　これを無視して分析ツールだけ流用し，現場での応用を目的としない場合は，「M-GTA を用いた」ということはできない。分析ツールの流用に際しては，なぜ方法論的限定を行ったか（なぜフィールドワークではないのか，抽象度が低いのか，場でなく分析焦点者なのか[9]），質的研究としての説明が必要である。最低限の基準の一つは，対人援助に関わる教材や研修プログラム開発を目的としているかどうかであろう。

引用文献

Glaser, B. G. (1978). *Theoretical Sensitivity*. Mill Valley, CA: The Sociology Press.

木下康仁 (2014). グラウンデッド・セオリー論. 弘文堂.

Payne, G. & Payne, J. (2004). *Key Concepts in Social Research*. Thousand Oaks, CA: Sage.

Piaget, J. (1952). *La Psychologie de l'inteligence*. [The Psychology of Intelligence]. Paris: Librarie Armand Colin.

Roth, I. & Frisby, J. P. (1986). *Perception and Representation: A Cognitive Approach*. Buckingham, England: Open University Press. （長町三生〔監修〕(1989) 知覚と表象. 海文堂.）

Takeshita, H. (2019). Thoughts on and method used in M-GTA. In N. Ishiyama, Y. Nakanishi, K. Koyama, & H. Takeshita, Mechanisms of Cross-Boundary Learning: Communities of Practice and Job Crafting (pp.58-89). Newcastle upon Tyne, UK: Cambridge Scholars Publishing.

9　相互作用の甲・乙両側からではなく，片側だけから収集したデータを分析すること。

著者略歴

竹下　浩（たけした　ひろし）
筑波技術大学保健科学部教授。
みずほ銀行，ベネッセコーポレーション，職業能力開発総合大学校を経て現職。
M-GTA 研究会世話人。
博士（経営管理）（青山学院大学），博士（心理学）（九州大学）。
主な著書　Thoughts on and methods used in M-GTA. In: *Mechanism of Cross-Boundary Learning: Communities of Practice and Job Crafting*. Cambridge Scholars Publishing, 59-89, 2019

質的研究法 M-GTA 叢書 1
精神・発達・視覚障害者の就労スキルをどう開発するか
就労移行支援施設（精神・発達）および職場（視覚）での支援を探る

2020 年 10 月 5 日　初版発行

著　者　竹下　浩
発行人　山内俊介
発行所　遠見書房

〒 181-0002　東京都三鷹市牟礼 6-24-12
三鷹ナショナルコート 004 号
TEL 0422-26-6711　FAX 050-3488-3894
tomi@tomishobo.com　https://tomishobo.com
遠見書房の書店　https://tomishobo.stores.jp/

ISBN978-4-86616-110-5　C3011

混合研究法への誘い

質的・量的研究を統合する新しい実践研究アプローチ

日本混合研究法学会監修／抱井尚子・成田慶一編

混合研究法の哲学的・歴史的背景から，定義，デザイン，研究実践における具体的なノウハウまでがこの一冊でよく分かる。知識の本質を問う新しい科学的アプローチへの招待。2,400 円，B5 並

働く人びとのこころとケア

介護職・対人援助職のための心理学

山口智子編

産業心理学の理論と臨床実践を紹介しながら，人びとが生き生きと働くためには，どのようなことが役立つのか。対人支援の現場を中心にした，新しい産業心理学を模索する1冊。2,600 円，A5 並

産業・組織カウンセリング実践の手引き

基礎から応用への全 7 章

三浦由美子・磯崎富士雄・斎藤壮士著

3 人のベテラン産業心理臨床家がコンパクトにまとめた必読の 1 冊。いかに産業臨床の現場で，クライエントを助け，企業や組織のニーズを汲み，治療チームに貢献するかを説く。2,200 円，A5 並

ライフデザイン・カウンセリングの入門から実践へ

社会構成主義時代のキャリア・カウンセリング

日本キャリア開発研究センター　監修

編集：水野修次郎・平木典子・小澤康司・国重浩一　働き方が変わり新たなライフデザインの構築が求めれる現代，サビカス＋社会構成主義的なキャリア支援の実践をまとめた 1 冊。2,800 円，A5 並

公認心理師の基礎と実践　全 23 巻

野島一彦・繁桝算男 監修

公認心理師養成カリキュラム 23 単位のコンセプトを醸成したテキスト・シリーズ。本邦心理学界の最高の研究者・実践家が執筆。①公認心理師の職責〜㉓関係行政論 まで心理職に必須の知識が身に着く。各 2,000 円〜 2,800 円，A5 並

医療におけるナラティブとエビデンス

対立から調和へ ［改訂版］

斎藤清二著

ナラティブ・ベイスト・メディスンとエビデンス・ベイスト・メディスンを実際にどう両立させるのか。次の時代の臨床のために両者を統合した新しい臨床能力を具体的に提案する。2,400 円，四六並

教員のための研究のすすめ方ガイドブック

「研究って何？」から学会発表・論文執筆・学位取得まで

瀧澤　聡・酒井　均・柘植雅義編著

実践を深めたい，授業研究を広めたい。そんな教育関係者のために作られたのがこのガイド。小規模研究会での発表から学会での発表，論文執筆，学位取得までをコンパクトに紹介。1,400 円，A5 並

自衛隊心理教官と考える 心は鍛えられるのか

レジリエンス・リカバリー・マインドフルネス

藤原俊通ほか著

この本は，自衛隊という組織で，長年心理教官として活動してきた著者らが「心の強さ」をテーマにまとめたもの。しなやかに，したたかに生きるためのヒントが詰まった一冊。2,200 円，四六並

こころを晴らす 55 のヒント

臨床心理学者が考える 悩みの解消・ストレス対処・気分転換

竹田伸也・岩宮恵子・金子周平・竹森元彦・久持　修・進藤貴子著

臨床心理職がつづった心を大事にする方法や考え方。生きるヒントがきっと見つかるかもしれません。1,700 円，四六並

N: ナラティヴとケア

ナラティヴをキーワードに人と人とのかかわりと臨床と研究を考える雑誌。第 11 号：心の科学とナラティヴ・プラクティス（野村晴夫編）年 1 刊行，1,800 円